Vers un droit de l'âme et des bioénergies du vivant

Logiques Juridiques

Fondée par Gérard Marcou

Dirigée par Jean-Claude Némery et Thomas Perroud

Le droit n'est pas seulement un savoir, il est d'abord un ensemble de rapports et pratiques que l'on rencontre dans presque toutes les formes de sociétés. C'est pourquoi il a toujours donné lieu à la fois à une littérature de juristes professionnels, produisant le savoir juridique, et à une littérature sur le droit, produite par des philosophes, des sociologues ou des économistes notamment.

Parce que le domaine du droit s'étend sans cesse et rend de plus en plus souvent nécessaire le recours au savoir juridique spécialisé, même dans des matières où il n'avait jadis qu'une importance secondaire, les ouvrages juridiques à caractère professionnel ou pédagogique dominent l'édition, et ils tendent à réduire la recherche en droit à sa seule dimension positive. À l'inverse de cette tendance, la collection « Logiques juridiques » des éditions L'Harmattan est ouverte à toutes les approches du droit. Tout en publiant aussi des ouvrages à vocation professionnelle ou pédagogique, elle se fixe avant tout pour but de contribuer à la publication et à la diffusion des recherches en droit, ainsi qu'au dialogue scientifique sur le droit. Comme son nom l'indique, elle se veut plurielle.

Dernières parutions

Sabine NDZENGUE AMOA, *Le permis de construire dans le droit de l'urbanisme,* 2022.

Demba MBOW, *Le secret dans l'arbitrage international, Approche critique,* 2021.

Benoît GRÉMARE, *De l'arme nucléaire française. Essai sur la constitutionnalisation de la force de frappe,* 2021.

Gladys TREZENEM, *La dignité de la personne humaine et le juge administratif,* 2021.

Chryssi PAPANIKOLAOU, *Le principe de l'Etat social, Étude sur les limites de l'activité législative en droit comparé français et hellénique*, 2021.

Cristina Elena Popa Tache

Vers un droit de l'âme et des bioénergies du vivant

Préface de Jean-Luc Martin-Lagardette

L'Harmattan

Merci
à la Société des sciences juridiques et administratives
dirigée par le professeur Cătălin Silviu-Săraru
pour la partie de la documentation fournie

La traduction a été assistée
par le professeur Elena Adriana Craciun.

5-7, rue de l'Ecole-Polytechnique, 75005 Paris
http://www.editions-harmattan.fr
ISBN : 978-2-343-25139-4
EAN : 9782343251394

PRÉFACE

L'enfer sur la Terre résulte principalement de l'égoïsme des hommes et de leur incapacité à s'entendre entre eux. Un égoïsme qui cause l'épuisement des ressources naturelles, l'extinction d'innombrables espèces animales, le dérèglement climatique, des pollutions mortifères, et qui met en jeu l'existence même de la vie.

Ceci pour l'environnement.

Sur le plan social, l'égoïsme entraîne ou encourage l'asservissement de sociétés et de peuples entiers, des inégalités et des injustices insupportables, la disparition complète de cultures et de traditions ancestrales.

L'incapacité à nous entendre, elle, sans doute alimentée principalement par nos orgueils, provoque guerres, viols, terrorisme, meurtres, crimes en tous genres et même suicides.

Manifestement, malgré l'élaboration de systèmes juridiques toujours plus riches (droits de l'homme, de l'environnement, etc.) et plus larges (locaux, internationaux, etc.), les indéniables progrès qui ont été obtenus pour réguler les actions humaines et protéger la vie sur la Terre n'ont pas permis jusqu'à ce jour d'enrayer la course vers l'abîme.

Les souffrances quotidiennes des peuples et des individus atteignent des niveaux d'horreur difficilement représentables.

Or chacun, en son for intérieur, pressent qu'un monde équitable, aimant et sage engendrerait le paradis sur la

Terre. La joie d'être ensemble, de nous enrichir de nos différences et d'œuvrer pour le bonheur de tous le disputerait à notre émerveillement devant la complexité et l'ingéniosité des agencements de la Nature.

Utopie ?

Peut-être, mais comme était une utopie l'abolition de l'esclavage et de la peine de mort ou le droit à la liberté, à l'égalité et à la fraternité.

Ce désir d'une cité fraternelle, universel et intemporel, a inspiré nombre de poètes, de philosophes et de prophètes. Il a conduit à la conception de nouveaux droits et devoirs et a fait progresser, si peu soit-il, l'humanité de l'homme.

Mais aujourd'hui, nous sommes confrontés à un mur : notre égoïsme et notre incapacité à nous entendre, qui sont à l'origine de la plupart de nos malheurs et nous conduisent vers l'anéantissement, ne peuvent être interdits par des lois ou des codes ni éradiqués par des gouvernements. Tout au plus peuvent-ils être proscrits par des principes moraux ou religieux, comme les fameuses Tables de la Loi remises à Moïse, selon la Bible. Mais ceci est affaire de choix individuel ou de croyance.

Seules les dictatures s'imaginent pouvoir imposer ce qu'elles pensent être le Bien à leurs sujets. Et les démocraties qui s'y risquent (comme dans le cas des vaccinations obligatoires, par exemple) ont bien du mal à recueillir l'unanimité.

Pourquoi cela ? Pour une raison simple : *« L'homme est en lui-même son propre gouvernement*[1] *».*

Il est ingouvernable par un autre que lui-même, sinon avec son plein assentiment.

Cette maxime (*« L'homme est son propre gouvernement »*) n'est pas encore formellement prise en compte dans

---

[1] ROUX Georges, *Paroles du guérisseur*, G. R. éditeur, 1950.

nos arsenaux juridiques[2]. Aussi étonnant que cela puisse paraître, la souveraineté, le droit de disposer de soi-même sont reconnus pour les peuples, mais pas pour les personnes.

Certes, la Déclaration universelle des droits de l'homme reconnaît à tout citoyen la liberté de pensée, de conscience et de religion, comme la liberté d'exprimer son opinion. Mais elle ne lui accorde pas, individuellement, la souveraineté sur lui-même.

Si l'on met à part la liberté de penser et son corollaire la liberté d'expression, l'individu est considéré au mieux comme un citoyen, membre d'une communauté dont la volonté, en tant que collectivité, prime sur la sienne.

Le citoyen a obligation de loyauté à l'égard de l'autorité politique, détenteur de la défense de l'intérêt général. Et c'est au nom de cet intérêt général (le « bien de tous ») que le pouvoir décide ce qui s'impose à tous et comment.

Or, avant d'être un citoyen et même un individu, un être humain est d'abord une *personne unique*, irremplaçable.

Un *individu*, comme un citoyen, est un exemplaire dans une série, parmi une collection d'autres individus. Il peut être objectivement observé, décrit, défini et même quantifié selon des critères socioculturels ou biologiques.

Une *personne* humaine, en plus d'être un citoyen et un individu, est une *singularité*, fondée principalement sur sa *subjectivité*, elle-même inobservable par quiconque de l'extérieur.

Leibniz dirait une monade.

Cela implique, sous un certain aspect, sa *solitude* absolue : qu'il mange, qu'il souffre, qu'il meure, chacun est le seul intérieurement à connaître ces états, aussi entouré ou secouru soit-il. Lui seul voit, vit et ressent comme lui ce qui se passe en lui. Lui seul est en mesure d'apprécier

[2] Un soupçon d'ébauche de ce droit se dessine, en défensif, dans l'objection de conscience.

exactement ses sensations, ses connaissances, ses souvenirs, ses choix, ses idéaux.

Ce qu'il ressent, ce qu'il pense, ce qu'il comprend, ce en quoi il croit, tout cela, invisible par qui que ce soit d'autre que par la personne elle-même, nous l'appellerons ici son *âme*.

Le concept d'âme, traditionnellement, recouvre de multiples significations, notamment religieuses ou psychologiques. Nous les laissons de côté pour ne conserver que le mot signifiant le dispositif singulier qui caractérise la personne humaine dans ce qu'elle a de propre et de plus précieux. Elle seule connaît ce dispositif de l'intérieur et en « gère » l'orientation, selon sa liberté constitutive (cette dernière étant entendue comme liberté de choix dans ses pensées. Dans ce sens, elle est totale, tout le reste [biologie, psychologie, etc.] étant rigoureusement déterminé[3]).

L'âme, selon notre définition, est la réalité spirituelle et philosophique de tout être humain. Elle constitue le principe directeur de sa vie, elle entraîne soit le développement, soit la sclérose de sa personnalité. Elle mobilise, ou non, sa créativité, etc.

L'âme de chacun, pour simplifier, peut se résumer par le *sens de la vie* qu'il se donne, par le rapport au monde qu'il fonde. C'est en elle que réside sa *responsabilité* fondamentale, devant lui-même, sa conscience et le monde.

Le bonheur humain, nombre de penseurs l'ont affirmé[4], naît, non pas des conditions extérieures[5], mais du fait d'agir, pour un individu, en conformité avec sa parole et sa conscience. Chacun est responsable de bâtir ou non les

---

[3] En conséquence, nous sommes déterminés dans ce que nous sommes ; nous sommes libres dans ce que nous faisons de nous.

[4] Fichte, Gandhi…

[5] Conditions qui ont une influence certaine, mais non essentielle, sur l'âme.

qualités sans lesquelles il est incapable de faire résonner cet accord intime, source de paix intérieure.

Pure subjectivité, l'âme n'a pas de dehors. Elle est, de ce fait, transcendantale, y compris pour elle-même puisque l'œil qui regarde ne se voit pas lui-même (il est impossible à la conscience d'observer son origine).

C'est sans doute une des raisons pour laquelle l'âme[6] est ignorée par beaucoup, notamment par la science objectiviste et réductionniste, par le dogme matérialiste, par la médecine « basée sur les preuves », etc.

Réalité pourtant irréfutable, accessible en permanence à toute conscience tournée vers elle-même, elle revendique aujourd'hui, et de plus en plus fort, son droit à la reconnaissance publique.

Car, bien qu'elle ne soit attaquable par personne d'autre que par son possesseur, son existence et l'intérêt de la prendre socialement en compte peuvent être niés ou combattus par des pratiques indélicates et certaines idéologies ou politiques.

Cela peut occasionner des rages, des désespoirs et des conflits de toute nature.

Quand l'humain est supplanté par le client ou l'administré ; quand le contact humain, physique ou même seulement téléphonique, est remplacé par des formulaires à remplir sur internet ; quand le système de santé se soumet aux diktats de la finance et de l'économie ; quand l'homme n'est plus considéré que comme un grand singe (à peine) évolué ; quand son environnement est massacré pour profiter à quelques actionnaires ; quand les animaux et les plantes ne sont plus considérés comme des entités vivantes nécessaires au bonheur de tous ; bref, quand tout ce dont l'âme a besoin pour s'épanouir avec confiance et

---

[6] La spiritualité peut être vue aussi comme un proche synonyme de l'âme.

en harmonie avec ses sœurs – ce qui n'est possible que si, effectivement, elles se reconnaissent sœurs – et son environnement, il est urgent d'inventer une nouvelle façon d'être ensemble et dans le monde.

Il est encore temps d'inverser les priorités : *« Ce n'est pas le "je" individuel qui doit être au service de la société, mais la société et ses institutions qui doivent être au service des individus comme créateurs d'eux-mêmes*[7] *»*.

Seule la reconnaissance formelle de l'âme humaine et de son prix infini peut donner un nouvel enthousiasme pour le fait d'apprendre à être soi, à découvrir la richesse des autres, en communion avec la Nature et tous ses habitants.

Être soi, selon la vision ici exposée, n'est pas s'abandonner à l'égoïsme ou à l'orgueil. Le philosophe français J.-J. Rousseau, dans le *Contrat social*, se méfiait des « préférences » auxquelles « tend, par sa nature, la volonté particulière » du citoyen. Raison pour laquelle l'État, « expression de la volonté générale », fut déclaré, lors de la Révolution, seul représentant légitime de l'intérêt général.

Or, l'expérience nous a montré que l'État peut donner prise à des intérêts catégoriels ou privés, avec un impact préjudiciable sur le citoyen. Celui-ci a de plus en plus, lui aussi, quelque chose à exprimer concernant *le bien commun*. Un nombre croissant d'individus, regroupés ou non en associations ou en partis, résistent, protestent, réclament ou proposent des changements et des avancées.

Il faudra bien qu'un jour la représentation nationale ou internationale reconnaisse *la souveraineté de chaque individu*[8] sur sa propre existence et sur son rôle dans son environnement.

---

[7] TOURAINE Alain, *Penser autrement*, Fayard, Paris, 2007.

[8] Souveraineté qui entraîne logiquement un certain nombre de devoirs, dont celui d'agir sans nuire à personne.

Souveraineté personnelle qu'ici nous dénommons son âme.

Bien sûr, cette reconnaissance doit s'accompagner d'une réflexion en profondeur pour que toutes les catégories (individuelle, nationale, internationale) se concertent et s'entendent sur les périmètres respectifs de leurs droits et devoirs.

C'est à l'élaboration d'un tel droit que s'est attelée Cristina Elena Popa Tache, avocate, chercheure scientifique associée à l'Institut de recherche juridique de l'Académie roumaine et auteure de ce livre. Une tâche ambitieuse, audacieuse et profondément originale, même si son approche se veut complémentaire des autres approches juridiques existantes.

Sa monographie s'inscrit dans un contexte de jurisprudence internationale qui a commencé à émettre diverses considérations sur l'existence de « droits sur l'âme ». Elle ouvre une porte sur ce qui pourrait être dans le futur le pilier des sciences juridiques, quelque chose qui pourrait aider l'Humanité à se guérir de son inhumanité.

Le livre, structuré en deux sections, commence par une introduction au paysage du *« droit de l'âme et des champs biologiques »,* pour continuer avec de courtes théories sur la possibilité de les traiter comme des biens, ce qui, selon Cristina, serait idéal du point de vue juridique.

La première partie se termine par une tentative de définition de ce droit, en appelant, en même temps, à la contribution d'autres spécialistes pour compléter le processus.

La deuxième partie rappelle les sources possibles de ce nouveau droit, sources dont l'existence ne peut être contestée par personne : droit international, droits coutumiers, droits de l'homme, sources jurisprudentielles, références à l'opinion commune, actes unilatéraux des organisations, droit national, influences du droit de la nature et du droit animal, droit naturel, influences du droit canon et ecclésiastique et influence du droit de la santé.

J'apprécie l'idée de l'auteure de développer un droit universel de l'âme et des biochamps, et particulièrement le fait qu'elle considère l'intégration juridique des médecines alternatives et complémentaires comme une approche spécifique liée à l'âme. La démarche entreprise dans cette monographie me semble pertinente, ambitieuse, nécessaire et belle.

Dans son ouvrage, Cristina Elena Popa Tache montre comment la loi pourrait aider à la régulation des relations et des responsabilités entre les humains et entre eux et la Terre, la Nature, les autres espèces et l'Univers. Ces valeurs ont été perturbées au cours de l'Histoire par des influences politiques et militaires notamment, mais rien n'empêche leur réactivation et leur protection sous l'aile de nouveaux principes.

Cette approche juridique sans précédent pourrait aussi favoriser la prise en compte des médecines traditionnelles et/ou complémentaires, dans un cadre sécurisé et une ouverture d'esprit encourageante pour tous les peuples de notre planète, quelle que soit leur culture.

Dans cette perspective, *« chacun de nous deviendrait plus souverain qu'il ne l'a jamais été »*, pense-t-elle. Et ceci, avec la joie de se savoir un, unique, parmi les vivants, dans un environnement qu'il ne chercherait plus à soumettre ou à exploiter implacablement, mais à aimer, respecter et protéger.

Au grand bénéfice de son âme et de son épanouissement.

Jean-Luc Martin-Lagardette
Essayiste
Marmagne, Bourgogne (France), novembre 2021

À propos de Jean-Luc Martin-Lagardette :

Étudiant à l'École supérieure de journalisme de Lille, Jean-Luc Martin-Lagardette a été reporter à *La Voix du Nord*, journaliste à *La Gazette des communes* (groupe *Le Moniteur*) et rédacteur en chef de *Décision Environnement* (groupe de publications médiatiques). Aujourd'hui écrivain indépendant, il a enseigné le journalisme et l'éthique.

Cité dans des ouvrages spécialisés à travers le monde, il est le journaliste honoraire, auteur, penseur et artiste.

Professeur de journalisme et d'éthique au Centre national d'enseignement à distance (Cned), à l'Estacom Bourges ou à l'École des métiers de l'information Paris (Emi-Cfd), il est passionné par le savoir et l'équité et se préoccupe d'épistémologie, des critères de la « vérité » journalistique, de la philosophie allemande des Lumières, de la spiritualité (le sens de la vie) et des conditions d'une coexistence harmonieuse.

« Une information journalistique impartiale, rigoureuse et contradictoire est essentielle au bon fonctionnement de notre vie démocratique. »

Par sa contribution à la déontologie de la presse grâce à laquelle les citoyens peuvent bénéficier d'une information honnête et digne de confiance, il a contribué à la création de l'Association de préfiguration d'un conseil de presse en France (APCP) qui a donné naissance à l'Observatoire de la déontologie de l'information (ODI) puis au Conseil d'éthique et de médiation journalistique (CDJM).

Enfin, il est impliqué dans plusieurs activités visant à défendre la diversité intellectuelle, l'intégration, selon un cahier des charges, des médecines alternatives dans le système national de santé et pour la fraternité spirituelle.

Mais c'est avant tout un visionnaire et surtout le premier spécialiste au monde à annoncer le droit de l'âme à travers son opéra : *Les Droits de l'âme : Pour une reconnaissance politique de la transcendance.*

Ses livres :

Décryptez l'information : Pour ne plus vous laisser manipuler par les médias, Dangles Escalquens, 2014.

Les Droits de l'âme : Pour une reconnaissance politique de la transcendance, Éd. L'Harmattan, 2009.

Évolution et finalité : Darwin, Monod, Dieu, Éd. L'Harmattan, 2009.

Vademecum de l'eau, Éditions Johanet, 2008.

Le Guide de l'écriture journalistique, Éd. La Découverte, 2009 (8e édition, publié pour la première fois en 1994).

L'Information responsable : Un défi démocratique, Éd. Charles Léopold Mayer/ECLM, 2006.

L'Eau potable et l'Assainissement, Éditions Johanet, 2004.

Vrai comme l'info : Méthode pour une presse citoyenne, Éd. Decitre CFD, 2001.

Et comment va Youri ?, Les Éditions du Petit Théâtre de Vallières, 2011.

L'Amour n'attend pas. Un journaliste au temps du Verbe, JL ML éditeur, 2019.

La Dame au millepertuis, Roman, Thebookedition.com, 2019.

INTRODUCTION

« L'avenir apportera une culture plus riche en créations et, en même temps, plus adaptée au corps et à l'âme humaine qu'elle ne l'est aujourd'hui[9] ».

Sans aucun doute, il y a de la création en tout. La loi elle-même est création, même en termes de fondement. C'est un processus dédié à la vie dans son ensemble, en particulier aux droits qui peuvent être identifiés pour que la vie sous toutes ses formes soit respectée, protégée et en évolution. Il a souvent été constaté que lorsqu'un acte normatif d'un État est publié, ceux qui s'intéressent simplement à la lecture ou même à l'analyse de ces réglementations le perçoivent généralement comme froid et abstrait. Cependant, sa mission est de réguler la partie la plus importante des relations juridiques que les gens nouent au cours de leur existence, et sa perception doit être de confiance, d'intérêt, de compréhension, de satisfaction et même de joie. De tous, avec le droit de la nature ou avec le droit canon, un droit de l'âme et des biochamps ne pourrait exister sans la meilleure combinaison possible entre la loi, le respect de la vie, la gratitude et même l'amour dans sa dimension spirituelle et non philoso-

[9] Rădulescu Motru C., 1984, *Personalismul energetic și alte scrieri/Personnalisme énergétique et autres écrits*, Maison d'édition Eminescu, Bucarest, p. 593.

phique, car ces deux formes de droit sont perçues et manifestées par les gens. Selon R. Domingo, « [la] règle du droit exige une règle d'amour[10] ». Les systèmes judiciaires fonctionnent selon la finalité pour laquelle ils ont été créés, uniquement s'ils sont fondés sur l'amour. Par exemple, le pardon est une forme d'amour que la justice a mise en œuvre notamment en matière de règlement amiable des litiges, dans le droit privé en matière de remise de dette (le pardon par le créancier d'une dette en traitant le débiteur comme si la dette n'avait jamais existé) et dans le droit pénal. Le pardon rétablit l'ordre dans son ensemble par l'acquittement du contrevenant, par exemple, le positionnant dans une dimension spirituelle supérieure de la justice[11].

En réalité, les normes juridiques sont en fait le standard atteint par la civilisation à travers la culture, à travers cet ensemble de valeurs matérielles et spirituelles créées par l'humanité et par les institutions nécessaires pour communiquer ces valeurs. Les conceptions spirituelles, philosophiques et juridiques, ainsi que les idéaux d'une civilisation sur la liberté, la moralité et la justice en découlent toujours.

Si quelque chose n'est pas réglementé, cela est considéré comme non pertinent. Dans tout système législatif, la quantité et la qualité de la réglementation semblent être directement proportionnelles à l'importance accordée à l'objet qui passe par cette procédure dans la société.

---

[10] Voir Domingo Rafael, juin 2019, p. 343, Why Spirituality Matters for Law: An Explanation, *Oxford Journal of Law and Religion*, volume 8, numéro 2, disponible à https://doi.org/10.1093/ojlr/rwz018 (consulté le 01.09.2021).

[11] Pour le même sens, voir Guardini Romano, 1996, *The Lord*, traduit par Elynor Castendyk, Washington DC, Maison d'édition Regnery, p. 351, apud R. Domingo, *op. cit.*, p. 343.

Dès lors, parlant de l'âme : « Affirmer simplement qu'elle n'existe pas n'est satisfaisant ni sur le plan philosophique, ni sur le plan politique[12] [...]. »

Le point de départ de ce parcours juridique est où nous en sommes maintenant, en commençant par l'habitude du pays représentée par les règles de droit inscrites dans une longue pratique, en poursuivant les promesses et en atteignant la loi. La distance angulaire entre le point de départ et le point d'arrivée a été calculée par le sextant du droit coutumier. Cette théorie elle-même est un exercice statutaire dont le résultat sera visible dans le temps, tôt ou tard. Par conséquent, nous prenons en compte les coutumes, les traditions et les *cōnsuētūdinēs (latin) depuis des temps immémoriaux* puisant dans le droit naturel, le droit canon, le droit de la nature et les droits de l'homme, selon lesquels, maintenant, la plupart des gens croient en l'existence de l'âme et dans les biochamps des formes de vie, et cela signifie que nous avons une pratique depuis longtemps, qui est répandue et reconnue. L'ensemble des règles juridiques non écrites formées dans la pratique de la vie sociale et transmises, de génération en génération, à travers la tradition, nous a emmenés, dans leur voyage, vers une destination où l'incertitude de l'âme et des biochamps des formes de vie est juridiquement redondante ; elles existent et doivent être désormais protégées, et les questions qui se posent et doivent être recherchées sont liées aux principes de droit applicables, aux acteurs de ce droit, aux institutions et aux mécanismes de protection et de défense.

Cette théorie reflète une étape évolutive dans laquelle il est tout à fait possible de prévoir comment fonctionnent

---

[12] Jean-Luc Martin-Lagardette, 2008, p. 11, *Les Droits de l'âme. Pour une reconnaissance politique de la transcendance*, Maison d'édition L'Harmattan, France.

certaines sources de ces nouveaux droits, notamment comment fonctionnent les coutumes qui ont le pouvoir de résoudre le problème à notre place, le point de départ étant trouvé et non établi. Grâce à la coutume, à partir d'un concept philosophique, religieux et thérapeutique, nous avons aujourd'hui un concept juridique, de sorte que, dans cette perspective, *quod erat demonstrandum.*

Par conséquent, cette théorie ne peut se concevoir autrement sans une architecture mixte de loi, de respect et de gratitude pour la vie (étant donné ses sources), s'appuyant sur une méthode de recherche fondée sur introspection, expérimentation et observation, à travers laquelle l'auteur propose des problèmes en quête de réponses, encore introuvables, sans se revendiquer comme prophète, professeur ou médecin, et sans souligner la manifestation d'une approche totalement maïeutique. La méthode inductive, l'intuition et l'hypothèse ont été rejointes par des éléments des méthodes objectives des sciences ; le personnalisme énergétique en tant que science objective de la personnalité est également noté. À une époque qui semble paradoxale : nous avons des lois régissant l'accès à la religion (liées aux croyances fondées sur l'âme/l'esprit) et des lois concernant l'organisation et l'exercice des activités et pratiques de médecines complémentaires/alternatives[13] (thérapies basées sur l'énergie et les champs auriques), mais nous n'avons toujours pas de domaine de droit bien déterminé et régulé pour l'âme et pour les champs énergétiques, pour la sphère de notre âme qui doit être protégée et sans restrictions. Bien qu'elles soient soumises à la législation, il n'y a d'un point de vue juridique aucune notion soumise à la réglementation elle-

---

[13] En Roumanie, la Loi n° 118/2007 concernant l'organisation et le fonctionnement des activités et des pratiques de médecine complémentaire/alternative, publiée au Journal officiel de la Roumanie n° 305 de mai 8, 2007.

même. Ces énumérations révèlent une affirmation contradictoire et, en même temps, démontrable par le fait que les lois exemplifiées constituent néanmoins une source de droit en la matière.

La qualité du niveau politique des États, en référence à l'art et à la science de gouverner, est un facteur qui peut accélérer ou ralentir tout acte de régulation. La mesure dans laquelle les réformes politiques ont été réalisées se reflète dans l'amélioration de la capacité administrative des autorités[14]. C'est pourquoi l'espace politique influence l'espace juridique et la société civile. Par conséquent, les paradoxes entrent également dans la sphère politique (le paradoxe de Locke) avec un impact particulier sur l'élaboration, l'adoption et la mise en œuvre des actes normatifs. La société civile d'aujourd'hui, considérée comme un corps entier doté de la capacité de voir, de s'entendre et de s'exprimer, semble avoir renoncé à sa voix ces derniers temps. Tant que la société civile attend des réglementations suggérées par les formes de gouvernement, sans publier ses propres suggestions de réglementation législative, l'évolution des droits et des libertés civiles subira divers décalages. Il y a eu une effervescence réglementaire dans le domaine des sanctions et moins dans la prévention à travers le développement de la culture juridique, ce phénomène étant visible surtout dans les États du Sud (ainsi appelés parce qu'ils représentent des pays en développement). Domingo fait une observation intéressante lorsqu'il présente la loi comme non seulement une question de coercition et souligne que parmi les conquêtes de la manière dont la spiritualisation a évolué, on peut inclure l'élimination de la torture de la sphère des sys-

---

[14] Voir Cătălin-Silviu Săraru, *Drept administrativ. Probleme fundamentale ale dreptului public/Droit administratif. Questions fondamentales de droit public*, Maison d'édition C. H. Beck, 2016, ISBN/ISSN : 978-606-18-0624-9.

tèmes de punition et, j'ajouterais, l'abolition de la peine de mort, bien plus tard. R. Domingo mentionne dans son étude l'histoire de l'élimination de la torture judiciaire, montrant comment elle a disparu en Angleterre vers 1640, plus tard, abolie en Allemagne en 1776, et en France, jusqu'en 1789, le livre du marquis Beccaria, *Dei delitti e delle pene* (publié en 1764, était un manifeste pour l'abolition de la torture en Europe), a démontré le rôle important que la culture peut jouer à certaines époques et en général[15].

Nous mentionnons dans cette circonstance contextuelle les efforts des figures emblématiques des grandes traditions de pensée au centre de la spiritualité de l'époque moderne, combattants de l'absolutisme et de la tyrannie, défenseurs de la liberté et du droit. John Locke a légué sans doute l'idée la plus importante : celle de réfuter l'autoritarisme politique et la subordination à outrance, en les contrebalançant par l'affirmation de la subordination de l'État (du gouvernement) à la société civile, au peuple gouverné, considérant que tout acte du pouvoir législatif est délégué au leadership par des individus qui s'y soumettent, et que, bien que le système législatif soit le pouvoir suprême dans l'État, le peuple a le droit de supprimer ou de changer ce dernier, d'où l'idée moderne de la suprématie du pouvoir de la société civile sur l'État. En outre, selon la théorie du contrat social de Locke, qui a bénéficié d'une large diffusion et d'appréciation, l'autorité politique est limitée par les droits moraux naturels que les individus exercent contre le gouvernement, étant donné que l'anarchisme et l'autoritarisme sont inacceptables[16]. Les

---

[15] Domingo R. *op. cit.* p. 354.

[16] Le paradoxe de Locke explique aussi les difficultés que les tribunaux et le milieu universitaire ont rencontrées pour délimiter la portée de ces droits d'une manière conceptuellement satisfaisante. « […] Ces problèmes ne peuvent être surmontés. Les limites imposées

sanctions (punitions) ne doivent pas être placées sur le premier pilier d'une civilisation mais elles sont un auxiliaire, une exception à la règle générale du rôle de développement et d'évolution de l'humanité, y compris spirituellement, le rôle du droit de satisfaire les plus diverses exigences de la vie de l'individu et de la société devenant primordial.

Majoritairement répandues à l'échelle mondiale, les notions de biochamps d'âme et des formes de vie ne sont-elles pas des exigences de la vie d'un individu ou même de la société ? La réponse ne peut être qu'affirmative car, bien au-delà des limites de la coutume et, non correctement réglementées dans le cadre des droits de l'homme[17],

---

à ces droits seront toujours arbitraires et *ad hoc*. [...] Dans la mesure où l'on reste attaché à la théorie politique lockéenne, il faut donc accepter que les droits auxiliaires sont paradoxaux et que chaque camp dans le débat sur ces droits mérite à la fois la critique et le respect. De plus, tant que ces droits sont maintenus dans la Constitution, il faut baisser les attentes quant à la cohérence des déterminations judiciaires de leur portée ». Voir Michael S. Green, The Paradox of Auxiliary Rights: The Privilege Against Self-Incrimination and the Right to Keep and Bear Arms, in *Duke Law Journal*, vol. 52, 2002, W & M Faculty Publications, pp. 113-177.

[17] Le règlement est général, celui qui revendique les droits humains fondamentaux. *The Charter of Fundamental Rights of the European Union/La Charte des droits fondamentaux de l'Union européenne* stipule à l'Article 10 la liberté de pensée, de conscience et de religion afin que toute personne ait droit à la liberté de pensée, de conscience et de religion. Ce droit implique la liberté de changer de religion ou de conviction, ainsi que la liberté de manifester sa religion ou sa conviction individuellement ou collectivement, en public ou en privé, par le culte, l'éducation, la pratique et l'accomplissement de rites. Le droit d'opposition à cause de la conscience est reconnu conformément aux lois nationales régissant l'exercice de ce droit. Le droit garanti au paragraphe (1) correspond au droit garanti à l'Article 9 de la CEDH et, conformément à l'Article 52 (3) de la Charte, ils ont le même sens et la même portée. Par conséquent, ses restrictions doivent être conformes aux dispositions de l'Article 9 (2) ci-dessus, avec le texte

l'existence de l'âme et de l'énergie des êtres vivants est certaine pour la majorité et pour l'autre côté, c'est au moins un sujet dont ils font l'expérience. Toutes les personnes ont exprimé au moins une fois la perception de leur âme et/ou la perception de leurs champs énergétiques. Récemment, plusieurs séries de sondages d'opinion ont révélé l'existence de la croyance en l'âme, comme le sondage d'opinion qui a révélé que près de 70 % des Australiens croyaient ou étaient ouverts à l'existence de l'âme – ce qui signifie que nous, les humains, sommes convaincus que nous représentons plus que la substance que nous connaissons ou on nous a dit que représente notre corps.

Les personnes qui adhèrent à diverses confessions basées sur l'existence de l'âme qui survit à la mort physique par référence à une conduite spécifique face à la Divinité, forment un pourcentage qui dépasse de loin la majorité. Selon le Pew Research Center (PRC), plus de huit personnes sur dix dans le monde se considèrent comme faisant partie d'un groupe religieux[18]. En 2010, PRC a mené une étude démographique complète dans plus de 230 pays

---

suivant : « La liberté de manifester sa religion ou ses convictions n'est soumise qu'aux limitations prescrites par la loi et nécessaires dans une société démocratique pour les intérêts de la sécurité publique, pour la protection de l'ordre public, de la santé ou de la morale, ou pour la protection des droits et libertés d'autrui. Le droit garanti au paragraphe 2 correspond aux traditions constitutionnelles nationales et à l'évolution des législations nationales en la matière » (Journal officiel de l'Union européenne C 303/17 – 14.12.2007).

[18] Pew Research Center est un groupe de réflexion américain sans orientation politique, concerné par les sondages d'opinion, la recherche démographique et d'autres recherches dans le domaine des sciences sociales basées sur les données. Les informations contenues dans le texte sont extraites de la page officielle de ce centre, disponible ici :
https://www.pewforum.org/2012/12/18/global-religious-landscape-exec/, consulté le 02.09.2021.

et territoires par le biais du Pew Research Center Forum sur la religion et la vie publique. Cette étude estime qu'il y a 5,8 milliards d'adultes et d'enfants affiliés à une religion dans le monde, représentant 84 % de la population mondiale de 6,9 milliards en 2010.

Sur la base de statistiques mondiales, il s'avère qu'environ 80 % de la population mondiale croit en l'existence de l'âme, en notre partie spirituelle ou immatérielle qui survit à la mort et en recherchant une religion, une foi, les gens poursuivent le développement et la protection de leur âme, tout comme, en recherchant une pratique alternative ou une thérapie basée sur l'énergie, ils veulent protéger leur santé et même la sphère de leur âme.

PREMIÈRE PARTIE

La pertinence de ce mode d'étude

L'importance de réunir ces deux objectifs de droit est née de la ressemblance des origines, de la ressemblance de leurs sources coutumières. On notera – à partir de la coutume qui sera présentée par cette théorie – que l'âme n'est pas semblable à la pensée, la conscience, le sentiment et la matérialité des corps par la croyance qu'elle est éternelle et survit à leur cessation par la mort physique, comme on a rapporté précédemment, et ces différences caractérisent également les biochamps des formes de vie, à l'exception du passage à l'inexistence, aspect qui fait encore l'objet de nombreuses études. Les biochamps physiques (BF) sont considérés comme n'ayant aucune consistance matérielle et ils accompagnent uniquement la structure physique des systèmes vivants. Dans le même temps, ces deux domaines sont également liés en termes de personnalisme énergétique, ce qui permet de les réunir dans un même concept qui peut avoir un nom unique, comme le *droit de la sphère de l'âme, le droit des phénomènes de l'âme* ou *le droit de l'âme et les droits connexes*. En fait, l'hypothèse d'une science complexe qui pourrait traiter de l'étude des phénomènes de l'âme n'a jamais été écartée par les scientifiques. Le grand savant C. R. Motru croyait que oui, une telle science est possible et elle existe pour l'étude des phénomènes de l'âme qui ont été vécus. Concernant les futurs phénomènes de l'âme, au sens de prédiction, on pense que la réponse est négative pour l'instant, « [...] pourtant, nous n'ignorerons pas toujours la prédiction sur les phénomènes de l'âme, mais nous l'ignorons maintenant, et pour certains temps, à cause du sous-développement de la science. *Non ignorabimus, sed ignoramus*[19] ».

Cette voie d'étude choisie pour la présentation de ma théorie a été inspirée, au niveau de sa structure, par l'idée d'E. Wilson – celui qui a mis en place la théorie unifiée de la connaissance dans les disciplines – un espéranto entre physique, biologie, sciences sociales et humaines. J'ai découvert qu'en appliquant cette théorie, de nouvelles portes peuvent être ouvertes vers des solutions originales plus larges et plus efficaces, en particulier dans le domaine du droit de l'âme (de la sphère de l'âme). En fait, dans le processus de la connaissance scientifique, le succès de la tentative de plusieurs scientifiques de réunir des concepts particuliers différents pour une analyse comparative est toujours remarquable, comme je l'ai trouvé dans les travaux du scientifique C. R. Motru, qui est allé plus loin après avoir essayé de fonder certaines de ses opinions sur plusieurs sciences telles que la biologie, la philosophie, surtout l'histoire, la psychologie, les arts, etc., et a décidé de réfléchir à certaines théories reliant l'environnement cosmique, l'environnement de l'âme avec l'environnement naturel, opposant le monde de l'âme au monde matériel[20]. Le livre d'E. O. Wilson, *Consilience*, a également été une révélation dans la même veine[21]. Ce *jump together/saut*

[19] R. Motru C., *Personalismul energetic*, p. 258.

[20] Voir R. Motru C., *Personalismul energetic*, pp. 267, 271.

[21] Wilson Edward Osborne, 1998, *Consilience: The Unity of Knowledge*, Random House, dans lequel il explore la chimie de l'esprit et les bases génétiques de la culture ou postule les principes

ensemble de spécialistes dans divers domaines, mais aussi de notions sensiblement différentes, peut offrir des théories unifiées, j'ai donc essayé et un peu imprévisiblement étendu à un autre niveau le desideratum de Wilson, en combinant le droit avec plusieurs éléments de domaines distincts (âme, santé, énergies, nature, animaux, histoire, spiritualité, etc.) liés à la réalité sociale contemporaine, pour identifier la solution scientifique la plus appropriée.

Pourquoi l'étude de ce droit devrait-elle être exigée ? Quelle serait son utilité ? J'ai exposé la majorité des pourcentages de personnes qui professent des croyances religieuses et pratiquent des thérapies basées sur l'énergie, la plupart du temps, une grande partie du pourcentage pratique les deux formes.

Il convient ici d'indiquer le pourcentage de la population mondiale constitué de personnes qui utilisent des médecines complémentaires/alternatives basées sur les biochamps des corps, qui est également prédominante et elle est en constante augmentation. À cet argument, nous ajoutons celui selon lequel il existe plusieurs études intéressantes pour ce domaine[22]. Ces considérations ont constitué la base du rapport mondial de l'OMS sur la médecine traditionnelle et complémentaire – 2019, qui a été élaboré pour remédier au manque de données fiables, crédibles et officielles des États membres dans le domaine de la médecine traditionnelle et complémentaire. Selon l'Organisation mondiale de la santé (OMS), ce rapport étudie les progrès mondiaux en matière de T&CM au cours des deux dernières décennies, s'appuie sur les

---

biologiques qui sous-tendent les œuvres d'art, des dessins rupestres à Lolita.

[22] Voir The Professional Chamber Sanator – the Union of Biotronicists of Josef Zezulka, *Alternative Medicine (CAM) in the World: What is silenced*, Maison d'édition Tomáš Pfeiffer, Prague, 2019.

contributions de 179 États membres de l'OMS et fournit des informations précieuses aux décideurs politiques, aux professionnels de la santé et au public pour tirer parti de la contribution potentielle de T&CM à la santé et au bien-être [23]. Les données selon lesquelles, sur la base des informations actuelles, 88 % des États membres ont reconnu l'utilisation de T&CM, ce qui correspond à 170 États membres, sont pertinentes. Ce sont les pays qui, par exemple, ont formellement élaboré des politiques, des lois, des réglementations, des programmes et des cabinets pour la T&CM, et le nombre réel de pays utilisant la T&CM est susceptible d'être encore plus élevé, selon ce rapport. Le fait que ces États, en nombre important, soient concernés et prennent diverses mesures dans ce domaine, témoigne d'une reconnaissance significative. Le même rapport indique que « la T&CM est utilisée par au moins 80 % des États membres dans toutes les régions de l'OMS, avec plus de 90 % des États membres des régions de la Méditerranée orientale, de l'Asie du Sud-Est et du Pacifique occidental déclarant utiliser la T&CM ». J'ajoute que Thornton Streeter, directeur du Center for Biofield Sciences, présente l'énergie subtile/le biochamp qui sous-tend T&CM, comme faisant référence à l'énergie vitale qui est censée circuler à travers le corps humain. Ces spécialistes ont établi que ces champs bioénergétiques humains ont des noms différents dans différentes cultures ; *Chi* (qi) dans la médecine traditionnelle chinoise (MTC), *Ki* dans le système japonais Kampo, *prana* dans la médecine ayurvédique – pour n'en citer que quelques-uns. Les interventions thérapeutiques censées influencer les troubles du champ biologique ou restaurer le flux du Chi à

[23] Le rapport est disponible ici : https://apps.who.int/iris/bitstream/handle/10665/312342/9789241515436-eng.pdf?sequence=1&isAllowed=y, consulté le 02.09.2021.

travers les méridiens comprennent l'acupuncture, l'acupression, le Reiki, le Tai Chi, le Chi Gong, le Healing Touch, etc. Cette utilisation uniforme du T&CM dans toutes les régions renforce la nécessité de développer des politiques, des lois et des réglementations appropriées, des systèmes de sécurité et de surveillance, et intégrer les produits, les pratiques et les praticiens de T&CM dans les systèmes de santé.

Cela prouve la reconnaissance de la « nécessité d'élaborer des lois et des réglementations appropriées » et on s'attend à ce que tous ces efforts de codification soient non seulement réalisables mais également atteints car il y a des sources de droit permettant cela. Nous pouvons signaler que, tout comme ceux qui s'occupent du *traitement* des âmes, les habitudes de conduite humaine des pratiquants qui doivent suivre une certaine pureté[24] ou morale sont également incluses dans les anciennes règles

---

[24] Par exemple, en Reiki, une méthode traditionnelle japonaise de relaxation pour une guérison plus rapide et une récupération de l'ensemble de l'être en cas de maladie ou de souffrance. Le mot « Reiki » se compose de deux caractères japonais (kanji) : « *Rei* », qui signifie « universel » et « *Ki* », « esprit », « énergie », « force vitale », selon les grands maîtres, il doit être affirmé : « Je suis un canal pur et parfait à travers lequel circule la Lumière de guérison de l'Univers, je suis la pureté que le Créateur suprême veut ! Toutes mes structures énergétiques fonctionnent en totale résonance bénéfique, parfaite et imperturbable, et en totale sympathie avec mes meilleures pensées ; mon esprit est propre et pur, détendu comme un ciel bleu infini de printemps ; mon âme est entière, lumineuse et harmonieuse. Toutes les pensées négatives sont maintenant brûlées dans mon esprit et sont remplacées par la Lumière, et la Lumière induit l'avènement des pensées positives, bénéfiques et constructives. Tous mes méridiens énergétiques sont propres et lumineux, tous mes chakras deviennent plus propres et plus lumineux afin que l'échange d'énergie avec l'environnement soit désormais optimal pour mes besoins ici et maintenant ». (Voir les règles de la pratique du reiki qui viennent du père de cette pratique, Sensei Mikao Usui.)

coutumières sur la pratique des médecines alternatives/complémentaires, comme le yoga ou l'acupuncture, que les archives placent comme une pratique dans la préhistoire, donc avant même l'émergence et la fondation de toute religion[25]. L'acupuncture semble avoir été beaucoup plus répandue[26] mais il est important que cette théorie présente les aspects juridiques, notamment l'origine coutumière de certaines règles qui devaient être observées par les praticiens. Tirées de ces techniques anciennes qui reposaient (certaines d'entre elles) exclusivement sur l'énergie du corps et sur la cartographie des méridiens pour le flux de ces énergies, les règles imposées à ceux qui pratiquaient ces techniques basées sur l'énergie des formes de vie ont été étendues à d'autres techniques considérées comme plus récentes, comme le Reiki. Bref, ceux qui pratiquent ces techniques se considèrent comme *des canaux propres* pour la transmission de ces énergies.

C'est pourquoi, depuis l'Antiquité, il y a eu des règles de conduite pour les praticiens qui se sont transmises de maître à élève, tout comme, au cours des trois premiers

---

[25] Voir Chuanxin Wang, *A Look Back at the History of Acupuncture*, disponible en ligne au sein du Collège d'acupuncture et de massage à Miami, FL : https://www.amcollege.edu/blog/history-of-acupuncture. Consulté le 29.08.2021. Son article déclare que « l'acupuncture est un ancien système de guérison qui est antérieur à l'histoire enregistrée ». Quant au yoga, on pense que sa pratique a commencé dès l'aube de la civilisation. Selon des informations sur le site officiel du ministère indien des Affaires étrangères, un article publié par le Dr Ishwar V. Basavaraddi déclare que « [la] science du yoga a son origine il y a des milliers d'années, bien avant la naissance des premiers systèmes de religion ou de croyance. [...] Le yoga travaille au niveau du corps, de l'esprit, de l'émotion et de l'énergie. » Le Kriya yoga est basé sur l'énergie.

[26] Le médecin de Napoléon, Dominique Larrey, après l'invasion de l'Égypte, a rapporté avoir remarqué l'utilisation d'appareils similaires à l'acupuncture chinoise – la moxibustion pour traiter l'arthrite, la paralysie et les blessures de la colonne vertébrale.

siècles, l'Église elle-même est passée par la tradition apostolique[27] qui a été transmise, notamment, par coutume. Pour ces raisons, des programmes de recherche juridique devraient être mis en place à l'avenir pour identifier et recueillir tous ces témoignages des enseignements des débuts de la médecine complémentaire/alternative, car ces traditions coutumières qui sont restées des expériences vives deviennent des sources d'inspiration permanente pour le droit des biochamps des formes de vie qui donnent un rôle formel à l'habitude des praticiens de telles thérapies, implicitement ou explicitement acceptées dans la conscience des gens, en couvrant leur continuité dans l'espace et le temps devenant ainsi d'excellentes sources de droit. Les normes de pratique des thérapies complémentaires/alternatives reflètent également la manière dont les praticiens ont conçu et conçoivent le bon fonctionnement des relations entre leurs composantes dans la vie sociale ; elles représentent pour le droit des biochamps des formes de vie, ce que les écrits apostoliques représentent pour le droit de l'âme et pour le droit canon, tout comme des normes générales illustrant la manière dont le corps ecclésial conçoit la bonne tenue des relations entre ses composantes de la vie liturgique, sacramentelle et pastorale. Peu importe ici quelle religion, quelle foi ou quelle pratique de développement spirituel ou quel type de médecine complémentaire ou alternative est choisi ; tout ce qui compte, c'est la perception par l'homme de son environnement de l'âme et de l'environnement des âmes d'autres formes de vie, ce qui aboutit à une seule idée : la recherche de régulations unifiées qui aident l'évolution

[27] *Didahii*/prêches (entre 75-85) ; Epistle of Clement of Rome to the Corinthians (c. 95) ; Epistles of Ignatius of Antioch (début du IIe siècle) ; Apologies of Justin (seconde moitié du IIe siècle) ; Didascalia Apostolorum (milieu du IIIe siècle) ou Apostolic Constitutions (milieu du IVe siècle).

spirituelle et à travers lesquelles l'âme et tout son environnement sont protégés et défendus. L'évolution est matériellement réalisée par l'apprentissage dans les institutions d'enseignement – qui devraient être établis à cet effet, et la protection et la défense de ces droits et le fait que la pleine liberté de l'âme est assurée ne sont atteints que par un système législatif très efficace – qui impliquerait des unités établies pour le fonctionnement de ce système au profit de la vie.

Il est bien connu qu'à leurs débuts, la connaissance de la science et de la magie était indiscernable et qu'elles étaient difficiles à différencier. Par exemple, l'astrologie (l'art de déchiffrer et de prédire les destinées sur la base de l'étude de la position et du mouvement des étoiles, des constellations ou des phénomènes célestes) et l'astronomie (la science de l'étude des étoiles, des systèmes stellaires, des galaxies et de l'Univers) ont été une science unifiée jusqu'au XVIIIe siècle.

La difficulté de les différencier a également été relevée dans le cas de la médecine chinoise. Elle incorpore une histoire ancienne du symbolisme pictographique magique et du chamanisme énergétique. Le Qi Gong est un autre exemple éloquent qui réaffirme ce qui est souvent dit lorsque nous découvrons une nouveauté que nous ne comprenons pas, « la seule différence entre la *magie occulte* et la *science* est le temps[28] ». Le théorème est également valable dans le sens inverse, car on sait que la science *a péché* en oscillant entre l'astrologie, l'alchimie, la superstition et l'occultisme, ce qui a conduit Isaac Newton à rechercher la pierre philosophale toute sa vie, par exemple, et la liste est longue. Bien que nous ne

---

[28] Un vieux syntagme, utilisé dans l'introduction par J. A. Johnson, dans *Chinese Medical Qigong Therapy*, Partie 1, publiée pour la première fois en mars 2002 par l'Institut international de Qi Gong médical.

développerons pas ici les notions de philosophie, le concept de *vérité* poursuivie et souvent trouvée, non sans controverse, ne doit pas être négligé.

Je mentionne les sacrifices de Nicolaus Copernicus ou Galileo Galilei. Le premier, docteur en médecine et en droit canon, publia en 1543 son ouvrage fondamental, *De Revolutionibus Orbium Coelestium* (*Sur les révolutions des sphères célestes*), juste avant sa mort, conscient des contradictions entre les vérités et la doctrine officielle de l'Église catholique. Le second, Galilée – « père de la science moderne », comme l'appelait Stephen Hawking, convaincu de la vérité fournie par ses propres découvertes scientifiques, entreprend un processus inquisitoire ; il eut du mal à en ignorer les conséquences car il avait conscience de la noirceur de l'obscurantisme dont la victime fut Giordano Bruno (brûlé sur le bûcher par l'Inquisition pour la *connotation hérétique* de la conception panthéiste et pour sa conviction liée à l'infinité de l'univers), et en soutenant le copernicanisme, il a pris un risque considérable, alors qu'une grande majorité de philosophes et d'astronomes étaient encore adeptes de la vision géocentrique (qui considérait la Terre comme le centre de l'univers).

Martin-Lagardette remarque sur l'idée de majorité et de vérité, que « [le] philosophe Michel Foucault a brillamment exploré cette fonction du "dire vrai" » dans la société. Il a beaucoup réfléchi sur ce qu'il appelait « le régime de la vérité », c'est-à-dire « le statut de la vérité et le rôle économico-politique qu'elle joue ». Par « vérité », il entendait « non pas l'ensemble des choses vraies qu'il y a à découvrir et à accepter, mais l'ensemble des règles selon lesquelles on démêle le vrai du faux et on attache au vrai des effets spécifiques de pouvoir[29] ». Martin-Lagar-

[29] Voir M. Foucault, *Dits et écrits II, 1976-1988*, Gallimard, Paris, 2001, apud Jean-Luc Martin-Lagardette, *op. cit.*, p. 24.

dette conclut également : « Car majorité n'est pas vérité. En outre, en théorie comme en pratique, un seul homme peut avoir raison contre tous, comme l'Histoire nous l'a moult fois enseigné (Galilée, Copernic, de Gaulle, etc.) ». Et comme le soutenait Descartes : « La pluralité des voix n'est pas une preuve qui vaille rien pour les vérités un peu malaisées à découvrir, à cause qu'il est bien plus vraisemblable qu'un homme seul les ait rencontrées que tout un peuple[30] ».

Les biochamps des formes de vie sont étroitement liés au régime juridique de l'âme, comme ce livre le soulignera dans son contenu. C'est pourquoi les droits de l'homme, le droit de la santé, le droit nouveau de la nature, pour l'instant la loi sauvage insécurisée dont l'affirmation est actuellement en suspens, ainsi que le droit canon et le droit ecclésiastique, inspirent et nourrissent diverses sources de droit, le droit de l'âme et le droit des champs d'énergie des formes de vie. L'observation concerne toutes les formes de vie. Même dans l'hypothèse de l'existence d'un créateur infini et éternel, le libre arbitre est indiscutable ; cette puissance intérieure propre à l'âme et même à l'énergie, sur laquelle aucune autre entité ne peut avoir d'influence sans permission.

À propos de l'âme

Selon les dictionnaires linguistiques, âme, *âmes* (genre neutre en roumain), désigne l'ensemble des processus humains affectifs, intellectuels et volitionnels ; trait de caractère (bon ou mauvais) ; *par extension*, caractère ; facteur, élément essentiel d'une chose, d'une action, etc. ; (sens philosophique, religieux) une substance spirituelle auto-

[30] Descartes, *Discours de la méthode*, éd. Nathan, Paris, 1981 (1998), apud Jean-Luc Martin-Lagardette, *op. cit.*, p. 22.

nome, indépendante du corps, qui donne à l'homme la vie, l'individualité et la personnalité et qui est d'origine divine et d'essence éternelle ; (sens familier) *souffle*, *respiration*, *haleine* (latin *suflitus* qui signifie *souffle*[31]).

L'âme, en religion et en philosophie, désigne l'aspect immatériel ou l'essence d'un être humain, qui confère l'individualité et l'humanité, souvent considérées comme synonymes d'*esprit* ou de *soi* ; en réalité, c'est la partie essentielle de toute création vivante.

En accord avec un *Dictionnaire de philosophie et de logique*, selon l'une des significations, l'âme est le principe de vie, défini comme la substance qui donne vie à tout être. Le mot grec signifiant *vivant*, tout comme le latin *animatus* ou le mot dérivé *animé* dans les langues modernes, est étymologiquement le même que *animus* ; d'où le lien ancien entre l'idée de l'âme et celle de la vie. Platon, à la suite de Socrate, a identifié l'âme avec la personne qui raisonne, décide et agit, affirmant que cette personne ou âme n'est pas la créature familière de chair et de sang, mais le locataire intangible (ce qui pourrait nous amener à considérer, dans le sens inverse, que nous ne sommes pas les propriétaires de l'âme, mais nos âmes sont nos propriétaires et locataires, un aspect qui peut générer une autre série de débats juridiques) et le coordinateur ou même le prisonnier enfermé dans cet être corporel. Cependant, afin d'avoir un droit de l'âme, la théorie générale sera basée sur la conception que l'homme, l'être, est propriétaire de son âme et de ses champs énergétiques, car c'est le sens juridique à partir duquel nous regardons les choses aujourd'hui étant donné les sources de ce droit, ainsi que le fait que l'homme (selon les définitions don-

---

[31] Source : *Dicționarul explicativ al limbii române/Le Dictionnaire explicatif de la langue roumaine* (2e édition revue et complétée), Académie roumaine, Institut de linguistique, Maison d'édition Univers Enciclopedic Gold, 2009.

nées jusqu'ici) existe physiquement en tant qu'être social supérieur, caractérisé par la pensée, l'intelligence et le langage articulé, le tout en tant que parties constitutives de son être, et toute réglementation législative se réfère au plan de l'existence humaine pendant la durée de vie (étant en vigueur) de la norme à laquelle nous nous référons.

Les différences sont notables dans le cas de la définition de l'homme d'un point de vue juridique et d'un point de vue philosophique. Juridiquement, parce que le sujet de cette étude est juridique, il devient clair que l'homme ou *la personne physique* (comme le terme peut être trouvé dans les dictionnaires américains) est *un être humain vivant, possédant des droits et des obligations. Les systèmes juridiques peuvent attribuer des droits et des obligations à des personnes physiques sans leur consentement exprès* (une définition trouvée dans la Cornell Law School[32]). Par une analogie de simple logique juridique, il s'ensuit que des systèmes juridiques peuvent également établir des droits pour les autres êtres (formes de vie). Comme l'a fait remarquer Martin-Lagardette[33] :

« C'est l'une des grandes leçons positives du darwinisme : tout le vivant étant *un*, tout être vivant mérite respect et sauvegarde. Mais, d'un autre côté, et en contradiction évidente avec la vision unitaire du vivant dictée par le darwinisme, une majorité de scientifiques a choisi un parti pris cartésien et adopté une vision dualiste et mécaniste de la nature, séparant une raison humaine désincarnée d'un monde composé d'objets inanimés, [...] y compris le propre corps de l'homme[34] ».

---

[32] Disponible à : https://www.law.cornell.edu/wex. Consulté le 02.09.2021.

[33] Voir Martin-Lagardette J.-L., *op. cit.*, p. 68.

[34] Antony Flew, *Dicționar de filosofie și logică/Dictionnaire de philosophie et de logique*, 2e édition, Maison d'édition Humanitas, 1999, pp. 327, 328.

Nous verrons dans ce livre qu'une des sources de ce droit de l'âme est le droit international humanitaire. Selon la Déclaration universelle des droits de l'homme, toute personne a droit à la reconnaissance de sa personnalité juridique partout (Art. 6) ; chacun a droit à la liberté de pensée, de conscience et de religion ; ce droit comprend la liberté de changer de religion ou de conviction, seul ou en communauté, individuellement ou avec d'autres, en public ou en privé, par l'apprentissage, les pratiques religieuses, le culte et l'accomplissement de rituels (Art. 18) ; chacun a droit à la liberté d'opinion et d'expression ; ce droit inclut la liberté d'avoir des opinions sans aucune ingérence et de recherche, recevoir et répandre des informations et des idées à travers tous les médias et indépendamment des frontières de l'État (Art. 19).

À la recherche d'une définition juridique de l'homme, nous avons identifié des définitions de la personne physique. La plupart des définitions se réfèrent à la *personne* en tant qu'être humain considéré comme un individu de l'espèce humaine se distinguant par des caractéristiques physiques et mentales. D'un point de vue juridique, la personne physique/personne civile désigne des institutions de droit civil, et la *personne physique* est le sujet individuel de droit, c'est-à-dire la personne, considérée comme titulaire des droits et obligations civils. Comme mentionné ci-dessus, d'un point de vue philosophique, on peut identifier la définition de l'être en liant cette dernière et la propriété, « généralement l'équivalent verbal de l'*existence*, en tant que propriété la plus générale de toute réalité, est souvent considéré comme l'objet d'investigation métaphysique. [...] Une des questions est de savoir si l'être est une propriété [...] alors, quelle ontologie est assumée – le cas échéant – par l'usage d'un symbolisme logique ? En particulier, nous oblige-t-il à admettre l'existence d'au moins un objet ? » Dans la philosophie platonico-cartésienne (la plus appréciée des philosophes), la personne, au moins la personne essentielle, est une substance intangible, au sens d'une existence séparée. Les substances immatérielles alléguées peuvent-elles être identifiées et individualisées ? En d'autres termes, peut-on donner une caractérisation positive à une telle substance, en expliquant comment, en principe, l'une d'elles peut être distinguée d'une autre existant à la même époque, ou comment elle peut s'identifier à elle-même à des moments différents ? À quel point de telles questions sont inconfortables est suffisamment démontré par les difficultés rencontrées dans la question de l'identité personnelle par Locke, Hume et d'autres qui considèrent les gens comme intangibles ou essentiellement intangibles. Le mot grec *séparé* traduit par *âme* ou *esprit* devient plus tard, dans les langues modernes, *psychique*, d'où dérivent également les mots *psychologie*, *psychosomatique, psychophysique*, etc. La source mentionnée montre également qu'après avoir opéré cette mutation sémantique, pour laquelle il y eut des anticipations aussi bien dans la religion populaire que dans la philosophie plus ancienne (voir : Orphisme, Pythagore), Platon, sans tenir compte, semble-t-il, de la rupture entre les deux interprétations différentes du mot *âme*, avançait encore : d'abord que les âmes, comme les gens ordinaires, sont des substances, et deuxièmement, pour diverses raisons – y compris l'idée d'être le principe de la vie – que l'âme est nécessairement immortelle. Le terme technique ultérieur « substance » est défini ici comme quelque chose dont on peut dire qu'il a une existence distincte, comme un chien ou un visage souriant, contrairement à la rage d'un chien en colère ou à la joie du visage souriant. Si les âmes ne sont pas des substances à cet égard, alors il est inutile de suggérer qu'elles pourraient survivre à la désintégration de leurs corps. Par exemple, étant donné la caractérisation par Aristote de l'âme (dans *De anima*) –

comme juste une forme d'organisation d'un corps vivant – , il serait certainement vain de suggérer qu'elle pourrait survivre à la désintégration de ce corps.

En termes de la même distinction, nous devons également comprendre un autre contraste d'une importance cruciale. Quand il est dit que l'âme est la substance qui donne vie à tout être, l'énoncé peut être interprété de deux manières différentes qui sont souvent confondues. Selon une interprétation, le mot-clé « donne » indique le critère selon lequel les êtres vivants sont différents des choses sans vie. Selon l'autre, cela a un sens causal, suggérant que la présence et l'activité d'une âme substantielle sont responsables de la production de toute la gamme des phénomènes vitaux. Ni l'âme ni l'esprit ne peuvent apparaître comme termes dans l'explication causale de quelque chose si le mot qui les désigne n'a pas le sens de *substance*. Si nous définissons l'expression « avoir une âme » comme l'équivalent de « être en vie » ou si, par « avoir un esprit éminent », nous entendons la capacité d'atteindre un accomplissement intellectuel supérieur, alors on ne peut pas dire que l'âme ou l'esprit produit les phénomènes correspondants, et en disant de quelque chose (quelqu'un) qu'il a une âme ou qu'il a un esprit éminent, on ne fait qu'exprimer de manière plus artistique (donc sans expliquer) le fait que quelque chose ou quelqu'un est vivant, respectivement capable de performances intellectuelles supérieures. (On ne peut pas expliquer pourquoi *p*, en répétant simplement *p* !) En revanche, si les expressions « avoir une âme » ou « avoir un esprit éminent » sont comprises comme se référant à la possession et à la présence d'entités qui, bien que considérées comme intangibles, sont cependant substantielles dans ce cas, alors il est logique de dire (à tort ou à raison) que ces entités pourraient survivre à la désintégration des corps avec lesquels elles sont temporairement unies et de suggérer que divers phénomènes importants doivent être attribués à leur activité[35].

C'est pourquoi, même des définitions étymologiques ou philosophiques du mot « âme » peuvent être extraites des points de départ de réglementations juridiques telles que : *possession*, *capacité*, *localisation*, *consentement*, etc.

L'âme animale est définie par le même *Dictionnaire de philosophie et de logique* comme « l'analogue animal de l'âme et de l'esprit humain. En opposition à la conception cartésienne selon laquelle seul l'homme possède une âme, la doctrine de l'âme animale a soutenu que le comportement animal non plus n'est explicable de manière physicaliste, mais il implique des fonctions mentales et l'existence de l'âme[36] ».

Biologistes, philosophes et théologiens ont toujours tenté, dans leurs recherches, diverses analyses (y compris noologiques) sur l'existence, les dernières catégories tentant de prouver, sans le bénéfice de la certitude au sens classique du mot, l'existence de l'âme humaine. L'absence de certitude ne justifie pas le silence sur le droit de l'âme ni l'ignorance à ce sujet.

Au contraire, les recherches actuelles deviennent suffisantes pour entamer l'étude de cette discipline, tout comme les recherches à un moment donné suffisaient pour entamer l'étude du droit de l'espace, par exemple, un domaine dans lequel l'origine, l'étendue, le parcours ou la destination de l'univers ne sont pas connus aujourd'hui. Il s'agit d'un phénomène de création et même de prise de conscience quant aux connexions dramatiques entre des domaines plus ou moins différents, afin d'obtenir le meilleur résultat possible. Comme l'a fait remarquer

---

[35] Flew Antony, *op. cit.*, 2e édition, Maison d'édition Humanitas, 1999, p. 126.

[36] Flew Antony, *op. cit.*, p. 328.

R. Domingo, pendant des siècles, les philosophes de Plotin à Wittgenstein ont également réfléchi à l'interconnectivité entre les objets, les choses et les pensées[37].

Ces dernières années, l'évolution de l'humanité a été celle de la conscience. La recherche noologique a progressé et le droit ne peut rester immobile face à ces défis. Nous vivons à une époque où nous passons du traditionnel à l'hybride comme étape du processus de devenir. Ce devenir est ce qui caractérise le droit de l'âme comme science juridique. Ce livre vise à *étoffer* le plus possible en ce moment, à travers une théorie juridique, une nouvelle forme de droit – le droit de l'âme et de toutes les formes de vie, analysé en termes d'abolition de tout intérêt, sans chercher à réfuter la théorie existante (tout dogme préexistant en référence aux champs de l'âme et de l'énergie acquiert les valences d'une source de droit) et sans entrer dans le domaine théologique, philosophique, biologique ou énergétique, ils s'en tiennent à leur orbite évolutive naturelle. L'établissement de cette loi soutiendrait les autres sciences qui recherchent selon leur spécificité la même matière, afin d'aplanir le chemin de la vérité et d'arriver à un dénominateur commun, utile à tous les hommes. L'évolution des civilisations humaines, leur éducation dans différents systèmes éducatifs ont conduit l'humanité à un stade où il est nécessaire d'établir des droits et des moyens modernes de défense adaptés aux formes de vie.

---

[37] Voir Wittgenstein Ludwig, *Tractatus Logicus Philosophicus*, traduit par Ogden, C. K. (Mineola, NY, Dover Publications, 1999), 2.0121, p. 30, apud Domingo R., *op. cit.*, « Tout comme nous ne pouvons pas du tout penser aux objets spatiaux à partir de l'espace, ou aux objets temporels en dehors du temps, de même nous ne pouvons penser à aucun objet en dehors de la possibilité de sa connexion avec d'autres choses ».

À propos des biochamps

Quelle est la définition d'un biochamp ?

Bien que la définition des champs biologiques ne soit actuellement utilisée que dans de nombreux dictionnaires du monde, il est largement admis qu'un champ biologique est un plan énergétique, un circuit qui correspond globalement à un organisme entier, à l'intérieur comme à l'extérieur. Il permet une communication rapide dans tout le corps. C'est la matrice qui relie nos dimensions physique, émotionnelle et mentale.

Selon le *Grand Dictionnaire des néologismes*[38], le biochamp désigne un champ d'action propre aux organismes vivants, dans lequel les phénomènes électromagnétiques interfèrent avec les phénomènes bioénergétiques (bio - + champ).

L'âme semble différente du champ énergétique par le fait que ce dernier est parfois présent en moins bonne consistance, même dans des objets inanimés comme un meuble. Étudiant la manière dont l'aura se présente, on peut encore déduire des traits communs avec l'âme jusqu'à un certain point. Par exemple, en radiesthésie, les biochamps sont considérés comme ayant une variabilité évidente dans des conditions définies, l'élément déterminant étant *l'activité interne du système vivant* ; après le décès, le CV (champ vital), le CSC (champ de surveillance et de contrôle), le CP (champ de protection) et le CR (champ de réception) disparaissent dans cet ordre. La disparition est progressive et survient en 40 jours après le décès. Le CIT (champ de contact informationnel tellurique), le CE (champ d'émission) et le CIU (champ de contact informationnel avec l'Univers, qui assure

---

[38] Voir Florin Marcu, *Marele Dictionar de Neologisme/Le Grand Dictionnaire des néologismes*, Maison d'édition Saeculum, 2000.

l'intégration du système vivant dans le vers auquel il appartient et sa connexion à la Divinité) restent actifs.

Ce sujet fait actuellement l'objet de recherches intensives. Plusieurs publications spécialisées, telles que « Énergies subtiles et médecine énergétique », contiennent des articles de recherche sur les derniers sujets, explorant les mécanismes, la théorie et l'application de diverses formes de guérison. Les biochamps diffèrent par leur forme d'un règne à l'autre, et par leur taille et leur densité informationnelle et énergétique, ils diffèrent également d'un individu à l'autre.

Dans l'histoire de l'humanité, il y a eu une croyance répandue que tous les objets, en particulier les corps humains et animaux, ont une aura (ou champ électromagnétique – EM). Selon les données existantes, ce concept a conduit la science métaphysique de la fin du XIXe siècle à étendre la théorie selon laquelle toutes les choses possèdent un corps de substance éthérique, communément appelé *corps éthérique*, arguant qu'il est composé de fréquences plus élevées d'énergie subtile et de particules quantiques plus fines de la matière, qui sont étroitement liées au corps physique, en tant que produit de la création de la matière par la manifestation du champ électrique à travers des particules quantiques sur le plan physique[39].

Il a également été trouvé expérimentalement que l'aura a plusieurs couleurs (en particulier l'étude des couleurs et de l'intensité de l'aura dans la zone de la tête pourrait permettre de diagnostiquer des dysfonctionnements dans le corps bien avant que les symptômes physiques ne deviennent évidents), et le sujet de la couleur lui-même a des

---

[39] Chakraborty Shamita, Psychological Profile through Bioenergy Fields, in *International Journal of Engineering Sciences & Research Technology*, 3 (10), 2014, pp. 484-489.

racines dans l'Égypte ancienne. Les experts dans ce domaine ont noté que l'aura est censée refléter un champ d'énergie surnaturel ou une force de vie qui imprègne toutes choses et peut développer des maladies – souvent bien avant l'apparition des symptômes.

La connexion énergie-corps a été présentée dans chaque étude et ceux qui analysent et développent ces sujets sont d'avis unanime que l'énergie est vivante et qu'elle fait partie des corps. Ils croient que le chemin pour trouver les secrets de l'univers est basé sur l'énergie, la fréquence et les vibrations. Beaucoup de gens ont adopté ces croyances et ceux qui sont restés prudents en font l'expérience. Ainsi, différentes traditions culturelles et religieuses distinctes postulent l'existence d'énergies ésotériques, généralement comme un type d'essence qui délimite la vie des objets « non vivants ».

Pour ces raisons, la théorie du droit analysée dans ce livre associe l'énergie à l'âme. Tout (vivant et non vivant) rayonne et peut refléter des vibrations exprimées à différents niveaux. En fait, les découvertes de ce siècle ont tendance à fournir plus de détails sur les propriétés lumineuses des champs d'énergie subtile, et les recherches actuelles suggèrent en outre que certaines dimensions des champs auriques bioélectriques sont caractéristiques de l'état physique de l'organisme biologique auquel ils sont connectés.

Les chercheurs dans ce domaine pensent que les activités biologiques, telles que les réponses autonomes, initient des changements cellulaires et électrochimiques, créant ainsi un environnement thermodynamiquement favorable à la transformation de l'énergie cinétique métabolique en énergie électromagnétique.

Ce sujet a été et est spécifiquement débattu, analysé et mis en avant. Comme l'aura ne peut généralement pas être vue à l'œil nu, les tentatives des scientifiques ont abouti à la fabrication d'un appareil photo qu'ils ont présenté comme ayant la performance de photographier l'aura des choses, des personnes ou d'autres formes de vie, fonctionnant sur le principe décrit ci-dessus, selon lequel l'aura est en fait le reflet du champ électromagnétique du corps. Ces questions ont suscité l'intérêt de scientifiques et/ou de médecins en démontrant que l'information énergétique de l'aura peut être utilisée pour considérer avec précision les états psychologiques et émotionnels d'un patient ou d'un sujet particulier, en utilisant la théorie selon laquelle les basses fréquences et la partie infrarouge du spectre (chaleur corporelle) semblent être liées à de faibles niveaux de fonctionnement de notre corps (structure de l'ADN, métabolisme, circulation, etc.), tandis que les hautes fréquences (le spectre UV) pourraient être mieux liées à notre activité consciente, comme la pensée, la créativité, les intentions, le sens de l'humour et les émotions, l'aura étant, en fait, notre signature spirituelle.

L'idée qui émerge est que grâce au contrôle dirigé et conscient de l'aura, l'autoguérison peut être réalisée. De nombreuses thérapies alternatives fonctionnent grâce à ce concept et sont utilisées notamment au service de la santé.

Tout ce qui précède démontre que l'homme moderne essaie continuellement et avec persévérance de construire des liaisons entre la science et les croyances spirituelles pour le bien de l'humanité. Chaque discussion sur ce sujet remet en question l'imagerie par champ résonant (ICR), la photographie Kirlian[40], les systèmes de balayage électro-interstitiel (BEI), la photographie interférentielle en polycontraste (PIP), les études Doppler en contraste

[40] La photographie Kirlian fait référence à une forme de photogramme obtenu grâce à l'électricité (du nom de Semyon Kirlian, qui en 1939, comme nous le savons, a accidentellement découvert que si l'on place un objet sur une plaque photographique connectée à une source de tension, une image apparaît sur la plaque photographique).

transcrânien, et ce ne sont là que quelques-unes des techniques utilisées pour évaluer la santé psychologique et physique, auxquelles on peut ajouter la tentative d'obtenir le rapport d'image d'aura (déjà largement utilisé par les médecins, les chiropraticiens, les ostéopathes, les naturopathes, les physiothérapeutes, les psychologues, les psychiatres et une grande variété de thérapeutes et guérisseurs alternatifs), car, comme mentionné précédemment, la détection de l'aura pourrait révéler des changements en temps réel dans la psychologie et la santé de la personne, par exemple.

D'un point de vue juridique, il est intéressant de noter que les praticiens des thérapies basées sur ce type d'énergie ont la conviction souvent affirmée que rien n'empêche une personne de profiter ainsi de sa propriété sur ses propres biochamps et, de plus, de strictement agir au profit d'une autre forme de vie avec la permission de cette dernière.

L'importance d'établir un régime juridique approprié à ces questions est de plus en plus répandue. En plus d'explorer la puissance et la capacité du cerveau, nous avons commencé à noter que les gens ont essayé d'utiliser ces découvertes dans la vie quotidienne, tout comme les collectionneurs d'antiquités et les archéologues utilisent déjà ces techniques considérant que l'aura est généralement assez sensible pour lire les empreintes énergétiques émanant de la matière physique pour effectuer l'électropsychométrie, ce qui rendrait possible l'analyse psychologique des énergies des personnes qui possédaient ou utilisaient un objet, l'archéologie bénéficiant d'une meilleure compréhension des croyances ou des sentiments des cultures anciennes en cartographiant les champs d'artefacts ou en scannant des ruines archéologiques et des sites préservés. Cette application pratique de ces résultats a fait l'objet de plusieurs études qui ne seront pas développées ici, mais qui sont pertinentes pour le recours à l'utilisation des découvertes de champs énergétiques.

La connaissance et l'utilisation de la pratique du feng shui permettant d'observer les champs générés par les différentes manières d'agencer les meubles ou les effets énergétiques d'objets ou de décorations sont à la mode depuis un certain temps. Quel serait alors le régime juridique de telles pratiques ? Certes, il y aura d'autres recherches juridiques qui aideront à une bonne réglementation qui apporterait sécurité et confiance dans leur diffusion dans de bonnes conditions.

En général, l'une des incertitudes les plus importantes dans l'esprit des gens concerne les règles, la loi qui pourrait régir la meilleure utilisation possible des biens que les formes de vie ont au sens juridique exclusivement sur leur propre âme ou champ énergétique. Même en botanique, l'aura a été utilisée avec succès pour créer des images et des enquêtes bioénergétiques sur les fleurs, les arbres, les plantes, et il existe un logiciel spécifique comprenant une fonction spéciale pour tester les énergies détectées autour des plantes. Je mentionne également que la diffusion de ces techniques a également été observée pour explorer la santé animale ou pour une meilleure compréhension des capacités, des émotions, des pensées ou des besoins spirituels de notre animal de compagnie. Celles-ci ne sont plus secrètes mais peuvent être facilement connues en lisant de nombreuses informations disponibles sur Internet ou dans des documents imprimés, ayant le plus souvent un caractère *open source* accessible à quiconque souhaite des détails.

Une réglementation juridique appropriée et complète de ces aspects considérés comme immatériels apporterait un bénéfice incommensurable sur leur gravité et leur évolution. Nous avons vu dans ce livre comment l'Organisation mondiale de la santé prépare des rapports basés sur les informations des États membres sur les politiques existantes dans le domaine, ainsi que sur les réglementations de toute nature ou les activités de recherche. À l'échelle mondiale, il existe des législations dans chaque État qui réglementent le fonctionnement des pratiques alternatives, mais il n'y a pas de droit pour elles en tant que domaine de réglementation distinct. Paradoxalement, bien qu'il n'y ait pas de droit pour réglementer ces propriétés spéciales, de nombreuses techniques utilisées par la multiplication des enquêtes criminelles, par exemple, sont liées à ce qui précède (elles peuvent apporter un soutien aux forces de l'ordre dans l'évaluation sociale et psychologique des auteurs ; elles peuvent fournir une « évaluation psychologique des biens trouvés en la possession des auteurs » ou peuvent fournir des suggestions et des stratégies pour le processus d'enquête). Aussi, la mise en place de profils de personnalité dits *psychologiques* peut aider à déduire son propre profil comportemental (qui comprend divers comportements, préférences, traits personnels et talents particuliers. Bien entendu, ceux-ci peuvent également être déduits de toute source d'information telle que des données démographiques, recherche sur Internet, etc.).

Constantin Korotkov[41] a utilisé la VDG (vue de décharge de gaz) basée sur l'effet Kirlian. Les méthodes de Korotkov ont étendu leur utilisation dans les hôpitaux et

---

[41] Konstantin Korotkov, professeur de physique à l'École polytechnique de Saint-Pétersbourg, était préoccupé par les instruments VDG mentionnés dans le texte. Techniquement, ils utilisent des électrodes de verre pour créer une excitation de champ électrique pulsé (appelée « technique de perturbation ») pour mesurer la luminosité électrophotonique. Le livre de Korotkov *Lumina după viață, experimente și idei despre schimbările după moarte din fotografiile lui Kirlian/Lumière après la vie, expériences et idées sur les changements après la mort dans les photos de Kirlian* (1998 – Backbone Publishing.Co) est largement lu en raison de son contenu innovant.

les programmes d'entraînement sportif, par exemple, comme mesures préventives pour détecter le stress.

Actuellement, l'imagerie par champ résonant (ICR) est une technologie qui fournit des informations et des interprétations scientifiques détaillées pour les champs de l'aura et de la bioénergie, car elle a le potentiel de lire et d'interpréter le but de l'aura, du cerveau, du champ énergétique et des chakras. ICR est un procédé expérimental d'imagerie électromagnétique, qui n'est pas encore destiné au diagnostic médical de certaines maladies spécifiques, mais il fournit des informations sur la santé d'un patient, étant la première technologie[42] d'imagerie pouvant créer des diagrammes bioénergétiques d'objets, de plantes, d'animaux et même de bioénergie environnementale ou d'ondes cérébrales dans l'air, son utilisation étant illimitée.

Il convient également de noter qu'à la fin des années 1980, en utilisant la technologie des micropuces, Harry Oldfield a développé un scanner qui pourrait fournir une image en mouvement en temps réel du champ d'énergie.

On considère que le statut psychosocial, l'histoire de la carrière, l'intelligence, le soi, la personnalité et les relations sociales peuvent être les thèmes d'une série d'études, de traitements et de prévention à travers une analyse adéquate de l'aura.

Comme on le sait, le concept d'aura a été popularisé pour la première fois par Charles Webster Leadbeater (ancien prêtre de l'Église anglicane et membre de la Société

---

[42] Les informations techniques disponibles montrent que ce type de système d'imagerie par champ résonant consiste en un petit appareil portable et facile à utiliser qui, placé dans le champ énergétique d'une personne, fournit une rétroaction électromagnétique. Techniquement, il s'agit d'un fréquencemètre numérique portable avec une antenne spécialement réglée (lecture en mégahertz).

théosophique[43]). Il a été suivi par d'autres théosophes qui ont adopté et réinterprété les idées de Leadbeater sur l'aura et les chakras : Rudolf Steiner[44] et Edgar Cayce. C'est l'époque où apparaissent certains termes utilisés aujourd'hui. Liébeault[45] et Boirac[46] (dans le livre *L'Avenir des sciences psychiques*) ont proposé le terme « métanomie » (« connaissance des choses au-delà de celles que nous pouvons normalement savoir ») comme une description plus précise de ce qui était alors communément appelé *voyance*[47]. Il y avait plusieurs scientifiques curieux d'approfondir cette question : Wilheim von Reichenbach[48] ; le scientifique Paracelse[49], du Moyen Âge, ainsi

---

[43] Voir Hanegraaff Wouter J. (2006), *Dictionary of Gnosis & Western Esotericism*, Leiden, Brill, p. 686.

[44] Steiner Rudolf ; Creeger Catherine E. (1994), *Theosophy: An Introduction to the Spiritual Processes in Human Life and in the Cosmos (3e éd.)*, Hudson, New York, Anthroposophic Press. p. 159.

[45] On raconte qu'Ambroise-Auguste Liébeault (1823-1904), médecin français et père de l'hypnothérapie moderne, alors qu'il étudiait la médecine à Strasbourg, lut un livre sur le magnétisme des animaux et s'y intéressa immédiatement (Gravitz Melvin A. [janvier 1995], « Crabtree, Adam [1993], New Haven and London, Yale University Press, x, 413, $45.00", *American Journal of Clinical Hypnosis*, 37 [3] : 75-76. Doi : 10.1080/00029157.1995.10403147).

[46] Émile Boirac, philosophe français, parapsychologue, promoteur de l'espéranto et écrivain, fut l'un des premiers à utiliser le terme « déjà vu » dans une lettre à l'éditeur de la *Revue philosophique* en 1876 (*Revue philosophique*, 1, 1876, p. 430-431. Voir aussi S. Brown Alan, « Déjà Vu Experience : Essays in Cognitive Psychology », 2004, p. 11).

[47] Boirac, *The Psychology of the Future*, p. 233.

[48] Wilhelm Heinrich Reichenbach est issu d'une famille de chirurgiens ayant une longue histoire à Cannstatt et a étudié la médecine (1774).

[49] Paracelse (Theophraste, Philippus Aureolus Theophraste Bombastus von Hohenheim), célèbre alchimiste, médecin, physicien, astrologue, théologien, philosophe suisse, fut l'initiateur du mouvement iatrochimique.

que le mathématicien Helmont[50] dans les années 1800, qui affirmaient que les gens ont une énergie qui peut avoir une bonne ou mauvaise influence sur la santé d'autrui, par leur seule présence [...] et qu'ils peuvent travailler même à distance. Au début du XXe siècle, les médecins ont commencé à observer l'aura à l'aide d'écrans et de filtres de couleur. On a observé que l'aura d'une personne peut différer d'un individu à l'autre, et cela peut varier en fonction du mode de vie, de la santé, de l'âge et du sexe. W. Kilner[51] a publié en 1911 l'une des premières études médicales occidentales sur « l'atmosphère humaine » ou l'aura, proposant son existence, sa nature et son utilisation possible dans le diagnostic et le pronostic médicaux.

Il a été démontré qu'il croyait aux propriétés attribuées au champ énergétique humain en tant qu'indicateur de santé et d'humeur, une perspective à partir de laquelle l'étude de Kilner semble avoir été une source d'inspiration pour Harold Saxton Burr[52]. On sait qu'en 1932, ses observations sur la prolifération neurocellulaire dans l'amblystome l'ont amené à proposer « Une théorie

---

[50] Jan Baptista van Helmont – alchimiste, chimiste, médecin et physiologiste – est crédité d'avoir introduit le mot *gaz* comme nom pour l'un des états d'agrégation.

[51] Selon des sources publiques existantes, Walter John Kilner (1847-1920) était médecin électricien à l'hôpital St. Thomas de Londres. Là, de 1879 à 1893, il s'occupe de l'électrothérapie. Son étude *The human atmosphere/L'atmosphère humaine* est toujours d'un intérêt particulier.

[52] Harold Saxton Burr (18 avril 1889-17 février 1973) était professeur d'anatomie à la E. K. Hunt School of Medicine de l'Université de Yale et chercheur dans le domaine de la bioélectricité. Des sources publiques montrent que les recherches de Burr ont contribué à la détection électrique des cellules cancéreuses, à l'embryologie expérimentale, à la neuroanatomie, ainsi qu'à la régénération et au développement du système nerveux (Hooker D. [décembre 1957], "Harold Saxton Burr", *Yale Journal of Biology and Medicine* (30), p. 161-163).

électrodynamique du développement » ; il est souvent cité maintenant pour cela. En 1935, il publia (avec FSC Northrop) *La Théorie électrodynamique de la vie* et avec C. T. Lane, il publia *Les Caractéristiques électriques des systèmes vivants.* Burr a été noté pour l'utilisation du voltmètre[53] pour détecter le potentiel électrique du corps et en 1942, Burr a mesuré le courant électrique produit dans le processus de croissance du maïs et a rapporté que « l'électricité semble mettre fin à la différence entre le monde inanimé et la matière vivante… l'électricité est l'un des facteurs fondamentaux dans tous les systèmes vivants, tout comme dans le monde non vivant[54] ». Cependant, alors que Burr s'appuyait sur ses lectures de voltmètre, Kilner, travaillant avant l'avènement de la technologie des semi-conducteurs, a essayé d'inventer des dispositifs (qui pourraient également être fabriqués par les personnes intéressées[55]) à travers lesquels l'œil nu pouvait observer l'activité « aurique » qui, supposait-il, était probablement un rayonnement ultraviolet, précisant que les phénomènes qu'il voyait (et appelés *double éthérique, aura intérieure et aura extérieure*) n'étaient pas affectés par les électro-aimants[56]. Francis J. Rebman, un ami de Kilner, a soutenu

[53] Burr a signalé pour la première fois dans son article de 1936 (avec C. T. Lane et L. F. Nims) « [un] voltmètre avec tube à vide pour mesurer les phénomènes bio-électriques » et a proposé le terme « L-Field » pour les champs bio-électriques des systèmes vivants.

[54] « Measures Output of Current by Growing Corn During Tests », Reading Eagle, Reading, PA. Associated Press, 10 août 1942, p. 30.

[55] Selon Corsini Raymond J., *The Dictionary of Psychology*, Psychology Press, 1999, p. 524, lames de verre ou « Kilner Screens ».

[56] Voir pour un point de vue général, Kilner Walter J., *The Human Atmosphere, or the Aura Made Visible by the aid of Chemical Screens*, 1911, réimprimé comme *The Human Aura* par Citadel Press, NY, 1965. *The Aura*, par Walter J. Kilner. Introd. par Sibyl Ferguson. New York, S. Weiser, 1973.

ses recherches aux États-Unis[57]. Valérie Hunt a consacré sa vie à créer des cartes des champs bioénergétiques humains et à énoncer leur relation avec la santé humaine ; elle a eu des contributions exceptionnelles en ce qui concerne l'aura, plusieurs articles scientifiques affirmant qu'un corps humain comprend à la fois des parties visibles et invisibles[58].

Comme cela a souvent été dit, le premier est le système matériel et le second est le système énergétique, leur nature étant différente bien que la matière et l'énergie puissent être converties l'une dans l'autre. Ces observations dénotent l'importance d'étudier le corps humain du point de vue des systèmes matériels et énergétiques, qui peuvent se compléter.

Un tel domaine de recherche pourrait continuer à générer de nouvelles découvertes[59]. Au sein de ces découvertes, comme mentionné ci-dessus, une différence fondamentale entre la matière et l'énergie est que la première est visible et la seconde est invisible (à l'exception de la partie visible de la lumière). Par exemple, l'adénosine triphosphate (ATP) mitochondriale est visible et la libération d'énergie d'ATP est invisible ; les cellules du cerveau sont visibles et la conscience est invisible. L'invisibilité n'équivaut pas à la non-existence. Afin d'essayer de comprendre le corps humain et l'univers, les

---

[57] *The Daily Journal* – Gazette from Mattoon, Illinois, 19 août 1911, p. 3. Rebman a publié le livre *The Human Aura: A Brief Explanation of Dr. Kilner's Discovery of Means for Observing the Human Atmosphere* (1912).

[58] Valérie Virginia Hunt Ed. D était un scientifique, auteur et ancien professeur de sciences physiologiques à l'Université de Californie, Los Angeles.

[59] Voir Tianjun Liu, L'hypothèse scientifique d'un « système énergétique » dans le corps humain, dans *Journal of Traditional Chinese Medical Sciences*, volume 5, numéro 1, janvier 2018, pages 29-34.

peuples anciens les ont divisés en deux parties : mis en forme et informes (énoncés philosophiques des choses visibles et invisibles), tout comme la physique moderne divise l'univers en matière et matière noire.

L'énergie ne peut pas être observée directement, elle n'a pas de limites ou d'échelles claires et peut être induite par la conscience (orbite microcosmique et orbite macrocosmique de la pratique du Qi Gong, par exemple. Cette technique suppose que les deux orbites sont deux façons dont l'énergie Qi se déplace intérieurement à travers les méridiens Du et Ren ou à travers tous les méridiens). D'autre part, la biomédecine est basée sur des changements dans la structure de la matière, tandis que la MTC est basée sur des changements dans la dynamique de l'énergie.

Un aperçu de la théorie des méridiens de la MTC, Qi Gong et l'acupuncture du point de vue du changement énergétique humain commencera à ouvrir de nouveaux domaines de recherche en sciences de la vie, qui bénéficieront d'une réglementation juridique efficace.

La doctrine de la majorité affirme que les recherches antérieures dans ce domaine se sont limitées à leur trouver une base matérielle et peut-être que ce fait a bloqué les progrès qui pourraient se développer jusqu'à présent. Bien que la structure matérielle des méridiens n'ait pas été identifiée, cela ne signifie pas une recherche insuffisante car les méridiens sont des canaux par lesquels l'énergie opère et ne sont pas nécessairement basés sur une structure matérielle.

Seul un changement dans la conceptualisation de tels phénomènes peut conduire à l'évolution.

Ensuite, les sources présentées dans ce livre mettront en évidence un certain nombre d'enjeux concernant une vision plus large des origines de ces droits envisagés ici, notamment le rôle du droit ecclésiastique mais aussi celui du droit canonique.

Les champs de l'âme et de l'énergie contre la propriété

Le droit du corps humain en particulier est étudié dans les grands centres universitaires sous forme de cours[60]. Divers systèmes législatifs ont élaboré des règles juridiques régissant le transfert d'organes ou d'autres tissus prélevés des corps humains. Pourtant, même aujourd'hui, il n'y a pas assez de réglementation sur ce que signifie la propriété du corps, le droit d'en disposer et son contrôle. Au niveau international, les réglementations peuvent être soumises aux droits de l'homme ou aux droits de la nature, mais au niveau du droit interne, rien n'empêche le processus réglementaire approprié pour tout ce qui signifie forme de vie, et nous remarquons ici que certains concepts juridiques discutés et traités comme des modernes controverses légales sont dépassés par d'autres comme ceux qui font l'objet de notre théorie. Les experts pensent toujours que le développement des principes juridiques clairs est nécessaire pour protéger les droits des individus, en particulier en ce qui concerne l'utilisation de ces matériaux dans la recherche médicale[61]. Dans son livre, R. Hardcastle développe et défend une base fondamentale de la législation anglaise pour la création et la reconnaissance légale des droits de propriété et des intérêts non

---

[60] Voir Université de Southampton, disponible sur : https://www.southampton.ac.uk/courses/modules/laws3141. Consulté le 01.09.2021.

[61] Pour une analyse comparative des systèmes de droit sur ces questions, voir Hardcastle, Rohan, *Law and the Human Body. Property Rights, Ownership and Control*, Hart Publishing, 2007. L'analyse montre que bien que les droits de propriété ainsi que d'autres questions liées aux tissus humains (dans ce cas, le régime juridique des parties du corps humain est traité) soient reconnus dans des circonstances limitées, aucune base de principes n'a été acceptée (dans le droit commun ou statutaire) pour la reconnaissance de ces droits et intérêts.

patrimoniaux dans des tissus humains séparés et déclare que l'analyse et les principes présentés par le droit du corps humain peuvent être appliqués dans les juridictions de droit commun et de droit civil du monde entier[62]. Hardcastle a été rejoint à temps par d'autres spécialistes qui sont parvenus à des conclusions similaires, non négligeables. Meredith Render a analysé dans ses études qu'en l'absence de clarté sur le statut juridique du corps humain, les tribunaux ont rassemblé un ensemble de catégories définies de manière circonstanciée pour résoudre la question de la propriété et de l'utilisation du corps humain. Cette approche *mosaïque* est maladroite, difficile, incohérente et finalement injuste[63]. Render a également noté que la doctrine a critiqué les conséquences distributives d'un régime dans lequel nous ne pouvons – à aucun moment de notre vie – « posséder » nos propres corps (ou parties constitutives), mais d'autres personnes le peuvent, et donc ce qui a disparu est une base conceptuelle pour comprendre le corps humain vivant en tant que propriété.

Malgré l'existence des réglementations dans le droit interne de certains États, elles ne contiennent pas suffisamment de détails pour distinguer l'ensemble des droits que l'homme lui-même peut avoir sur son corps. Le Code civil roumain contient au chapitre II, par exemple, certaines dispositions d'intérêt pour ce domaine concernant le respect dû à l'être humain et à nos droits inhérents. Les droits de la personnalité et les droits à la vie, à la santé et à l'intégrité de la personne physique sont régis par

---

[62] Voir Hardcastle, *Law and Human.*

[63] M. Render Meredith, The Law of the Body, vol. 62 in *Emory Law Journal*, pp. 549, 2013, disponible à : https://scholarlycommons.law.emory.edu/elj/vol62/iss3/2. Consulté le 01.09.2021.

l'alignement sur la législation internationale, sans particularités[64].

Bien que le mot « *propriété* » n'apparaisse pas non plus dans ce texte, on pourrait imaginer le contenu des dispositions ci-dessus, en remplaçant les mots « humain » ou « personne physique » ou « personnes » par des *formes de vie* et on obtient alors par cet exercice, ce que nous aurions aimé trouver matérialisé dans les dispositions légales. Les animaux, les plantes et autres formes de vie peuvent bénéficier du statut adapté, bien sûr, subsidiaire comme nous le trouvons ci-dessus.

Par conséquent, les discussions des spécialistes visent à la fois le droit de propriété de l'homme sur l'ensemble de notre corps et nos intérêts non patrimoniaux, notions qui

---

[64] « Le respect dû à la personne humaine et à ses droits inhérents. Section 1. Dispositions communes.
Article 58 : Droits de la personnalité. (1) Toute personne a droit à la vie, à la santé, à l'intégrité physique et mentale, à la dignité, à l'image de soi, au respect de la vie privée et à d'autres droits reconnus par la loi. (2) Ces droits ne sont pas transférables.
Article 60. Le droit de disposer de soi. La personne physique a le droit de disposer d'elle-même, si elle ne porte pas atteinte aux droits et libertés d'autrui, à l'ordre public ou aux bonnes mœurs.
Section 2. Les droits à la vie, à la santé et à l'intégrité de l'individu.
Article 61. Garantie des droits inhérents à la personne humaine. (1) La vie, la santé et l'intégrité physique et mentale de toute personne sont garanties et protégées de manière égale par la loi. (2) L'intérêt et le bien-être de l'être humain doivent primer sur le seul intérêt de la société ou de la science.
Article 64. Inviolabilité du corps humain. (1) Le corps humain est inviolable. (2) Toute personne a droit à l'intégrité physique et mentale. L'intégrité de la personne humaine ne peut être atteinte que dans les cas et dans les conditions expressément et exhaustivement prévus par la loi.
Article 66. Interdiction des actes patrimoniaux. Sont frappés de nullité absolue, tous actes visant à conférer une valeur patrimoniale au corps humain, à ses éléments ou produits, sauf dans les cas expressément prévus par la loi ».

sont censées et ont le potentiel de couvrir juridiquement toute question réglementaire. La situation de l'âme et des biochamps des formes de vie, qui ne diffèrent pas substantiellement du sujet débattu au niveau doctrinal est la même.

Peut-être que l'Article 539 du même Code civil roumain aurait un potentiel d'adaptation et d'interprétation en termes de biochamps de formes de vie, qui peuvent être considérées comme des *biens*, dans la disposition selon laquelle il inclut dans la catégorie des propriétés mobiles l'énergie de toute nature produite, capturée et transmise par toute personne quelle que soit sa nature meuble ou immeuble[65]. Encore une fois, nous pouvons imaginer à quoi ressemblerait cet article si au lieu de « n'importe quelle personne » nous trouvions « n'importe quelle forme de vie ».

J'ai mentionné que les dictionnaires ont commencé à inclure dans la définition de l'individu des détails tels que le fait que les systèmes juridiques peuvent attribuer des droits et des obligations à des individus sans leur consentement exprès (à Cornell Law School), et ce concept s'étend dans certaines lois à la nature entière et aux animaux, notamment leur protection. Ce phénomène même qui permet de céder des droits et des obligations à une personne physique, voire morale, devrait bénéficier d'une régulation juridique efficace, en coordination directe avec tout ce qui est dit, y compris le droit de propriété.

---

[65] Je reproduis le contenu de l'article, « Biens mobiliers. (1) Les biens que la loi ne considère pas comme immeubles sont des biens mobiliers. (2) Les ondes électromagnétiques ou ondes qui leur sont assimilées sont des biens mobiliers, ainsi que l'énergie de toute nature, produits, captés et transmis, conformément à la loi, par toute personne et mis à son service, quelle que soit la nature mobilière ou immobilière de leur source ».

À travers une incursion générale dans l'histoire humaine, arrêtons-nous un instant sur l'esclavage. Les dictionnaires du monde définissent l'esclavage comme la condition humaine des personnes (esclaves) qui travaillent pour un maître sans rémunération *et n'ont pas de droits sur leur propre personne.* Par conséquent, ce qui fait substantiellement la différence entre un homme libre et un esclave, c'est d'avoir des droits sur sa propre personne. Par un exercice de logique juridique, il s'ensuit que, être libre et différent d'un esclave ne signifie pas seulement avoir des libertés sur sa propre personne, mais avoir des droits. L'esclavage a également été défini comme un « état de dépendance politique, sociale et économique totale dans lequel un pays, une catégorie sociale, un individu est détenu[66] ». La Convention sur l'esclavage, signée à Genève le 25 septembre 1926, est entrée en vigueur le 9 mars 1927, et elle contient la définition suivante : « 1) L'esclavage est l'état ou la condition d'une personne sur laquelle tout ou partie des pouvoirs relatifs au droit de propriété sont exercés. » La différence entre les droits et les libertés a fait l'objet de nombreux débats doctrinaux. Pourtant, comme nous l'avons noté tout au long de l'histoire, les esclaves ont trouvé leur chemin vers la libération, acquérant finalement des droits de propriété après avoir obtenu un nombre limité de libertés, ce qui n'a pas suffi à abolir l'esclavage.

Les droits et le terme de *liberté* apparaissent à divers endroits dans les constitutions du monde entier. Souvent, les termes sont interchangeables. Les gens perçoivent ces termes comme signifiant la même chose, mais en réalité, prendre le droit de quelqu'un signifie lui retirer sa liberté, hypothèse qui ne peut être inversée : prendre la liberté de quelqu'un ne peut pas signifier prendre ses droits car les droits n'existaient pas

---

[66] *Dicționarul explicativ al limbii române/Le dictionnaire explicatif de la langue roumaine*, Académie roumaine, Maison d'édition Univers Enciclopedic, édition 1998.

ab initio. Les libertés ont un statut juridique inférieur aux droits. On peut exposer ces différences en synthétisant à partir des observations que l'on peut extraire de la doctrine et qui pourraient être présentées ainsi, en utilisant les paramètres de la comparaison droits vs liberté :

Du point de vue restrictif, des inconvénients :

Droits : Une personne physique ou morale, y compris une autorité, ne peut porter atteinte aux droits d'une autre personne sans encourir de conséquences juridiques. Ils recourent à la régulation, la plupart du temps définie par la loi, au sens d'établir les prérogatives de l'auteur de la loi, et les obligations positives et négatives des autres, corrélatives à celle-ci, y compris pour l'État, qui garantit, par exemple dans le cas du droit à indemnisation pour expropriation, ou du droit à l'éducation.

Libertés : Une personne physique ou morale, y compris une autorité, peut priver une personne de la liberté d'exercer une activité. Les autres sujets n'ont qu'une obligation négative, respectivement de ne rien faire qui empêcherait le libre exercice de ce pouvoir, de cette liberté, par son possesseur. Par conséquent, il n'y a pas d'obligations positives de la part des autres sujets, personnes physiques et morales, respectivement l'obligation de faire quelque chose en corrélation avec la liberté associée, comme dans le cas des droits. Seul l'État a l'obligation positive de défendre et d'assurer les conditions du libre exercice des libertés.

Du point de vue permissif des avantages :

Droits :

La société est légalement tenue de respecter les droits de l'homme, ce qui conduit à décourager l'injustice. Les droits supposent à la fois des obligations positives et négatives, c'est-à-dire de faire, de donner, de demander, de ne pas demander, ainsi que de ne pas faire, de ne pas donner. Par conséquent, il y a une protection plus élevée car des obligations positives sont également assumées pour d'autres personnes, pas seulement pour l'État.

Libertés :

L'avantage de la liberté est que quelqu'un peut être un individu indépendant, tant qu'il a ces libertés, qui ne dépendent pas de l'individu. L'objet d'une liberté est illimité et seulement parfois l'exercice de la liberté est limité par les droits et les libertés légitimes d'autrui ou par d'autres interdictions prévues par la loi.

Durée :

Les droits peuvent être accordés à des moments particuliers et peut-être il y a des différences entre les droits possédés par multiples personnes.

Les libertés peuvent être prises ou accordées à n'importe qui à tout moment. Elles ne sont pas permanentes, comme le sont les droits. L'État est l'organe politique qui a le pouvoir et décide de son utilisation.

Comme méthode d'acquisition :

Généralement, une personne ne reçoit des droits légaux qu'après avoir rempli une certaine qualité ou une certaine obligation.

Dans le cas des libertés, une personne peut les acquérir dès la naissance.

Jean Morange distingue ainsi : « les droits publics individuels représentent des possibilités reconnues aux individus, d'exiger de l'État de prendre des mesures concrètes, d'assumer des obligations positives, afin qu'ils puissent pleinement bénéficier de l'exercice des droits ». Ainsi définis, « les droits publics individuels se distinguent des libertés publiques, ces dernières n'étant que des possibilités reconnues aux individus d'exercer, à l'abri de toute pression extérieure, un certain nombre d'activités[67] ».

Le droit à la vie, tel qu'il a été réglementé jusqu'à présent, ne pouvant couvrir le sujet débattu par cette théorie, en revenant à la notion de propriété, je continuerai à traiter strictement du point de vue juridique l'âme et toute l'énergie du corps comme représentant théoriquement (ou qui pourrait représenter dans un futur proche) sa propriété (quelque chose qui appartient naturellement à chaque forme de vie) sur laquelle il exerce consciemment, instinctivement ou inconsciemment (par sa nature) les droits à respecter. L'idée d'accorder un respect juridique fort et bien réglementé à ces droits spéciaux de l'âme et de l'énergie des formes de vie peut conduire à une simplification des réglementations juridiques surchargées d'aujourd'hui, à travers une procédure juridique ultérieure de *déréglementation* de la charge, afin d'atteindre la véritable valeur effective que le droit pourrait manifester au mieux.

L'importance de l'existence de l'âme et l'établissement de ses droits s'étendent à la manière dont le corps des formes de vie est traité juridiquement, aspects qui restent insuffisamment abordés et uniquement en termes de droits de l'homme (au sein de l'affirmation des droits fondamentaux qui représentent des droits et des libertés qui appartiennent à tous, étant les mêmes indépendamment de l'origine, des croyances ou du mode de vie). Récemment, le droit de la nature est né et il y a eu des tentatives pour imposer des droits aux animaux[68] aussi. Dans ce dernier

---

[67] Morange Jean, *Libertățile publice/Libertés publiques*, Maison d'édition Rosetti, 7e édition mise à jour, Bucarest, 2002, p. 5.

[68] Salutaire, en mai 2021, le Royaume-Uni a annoncé que les animaux seraient reconnus par la loi britannique comme des êtres ayant des droits, et une série de lois complètes seraient introduites pour interdire

domaine, des règles de *droit dur* sont nécessaires pour donner plus de force juridique aux tentatives de codification comme la Déclaration universelle des droits des animaux, solennellement proclamée à la Maison de l'Unesco à Paris le 5 octobre 1978 et qui stipule qu'il n'y a qu'une vie, toutes les créatures ayant une origine commune qui se diversifie au cours de l'évolution des espèces[69].

Dans le christianisme, la façon dont l'âme était unie à son corps était une question d'incertitude, mais à un moment donné tout le monde s'accordait à dire que l'âme était présente dans le fœtus, sinon au moment de la conception, alors dans les 90 premiers jours, moment crucial quand il s'agit du débat chrétien contemporain sur l'avortement. Aujourd'hui, la plupart des chrétiens sont convaincus que notre âme entre dans notre corps au moment de la conception. Ainsi, le christianisme a adopté le point de vue du philosophe grec Platon qui dit que nous sommes constitués d'un corps mortel et d'une âme immortelle, la mort n'étant rien d'autre que la séparation de l'âme du corps.

---

des pratiques telles que l'exportation d'animaux vivants ou la chasse aux trophées ; parmi les animaux protégés par la future législation figurent également les animaux de compagnie, les animaux de ferme et les animaux sauvages. Le nouveau règlement admet que les animaux ont la capacité de ressentir la faim et la douleur et sont conscients de ce qui leur arrive.

[69] Le document prévoit à l'Art. 13 que les animaux morts doivent également être traités avec respect. Dans son préambule, la Convention proclame ce qui suit : le respect de l'être humain pour les animaux s'assimile au respect d'une personne pour une autre ; l'ignorance et le mépris de ces droits ont conduit et continuent à conduire l'homme à commettre des crimes contre la nature et les animaux ; la reconnaissance par l'espèce humaine du droit à l'existence des autres espèces animales est le fondement de la coexistence des espèces dans le monde ; l'éducation doit cultiver dès l'enfance l'observation, la compréhension, le respect et l'amour des animaux.

D'un point de vue juridique, en réalité, même en dehors de l'existence de toute réglementation, chacun est responsable de la manière dont il exerce son *animus* et *corpus* (voire *abusus*) sur sa propriété, quelle qu'en soit la nature, implicitement sur sa propre âme et sur sa propre énergie. Comment ? C'est un sujet que nous aurons l'occasion d'aborder dans cette théorie. Les présentations de l'objet de ce droit indiquées ci-dessous sont explicatives, étant largement rassemblées, car tout ce qui est considéré comme le domaine de l'âme ou de l'énergie des formes de vie entre dans le cadre de l'étude juridique de cette matière.

Quels sont les droits ? Les droits sont les libertés accordées aux citoyens mais qui – contrairement aux libertés individuelles – sont accordées sur la base d'un système juridique, d'un pacte social ou d'une théorie éthique et étymologiquement, le mot roumain *drept/droit*, selon les dictionnaires, vient du latin *« directus »*, qui signifie *ligne droite*, *règle*, *debout*, mais le correspondant du terme *juridique* est *« jus » – droit*, *justice*, *licite*. Comme il n'y a pas de loi sans institutions, les spécialistes ont déclaré que la loi est un système de règles *de facto* et que la création et la mise en œuvre de ces règles pour réglementer un certain comportement sont possibles à travers des institutions sociales ou gouvernementales[70].

La religion, à travers son vaste domaine de diffusion, offre des possibilités de comparer l'origine, le voyage et la destination de l'âme, comme nous l'avons mentionné précédemment, une comparaison générique car ce livre vise uniquement l'analyse juridique. Comparativement, selon le judaïsme, l'âme a été créée par Dieu et s'est unie à un corps terrestre, mais aucune théorie définitive n'a été développée sur le moment ou sur la nature de cet événe-

---

[70] Robertson l'a déclaré dans *Crimes against humanity* (p. 90).

ment (ce qui est naturel car, notamment, la séparation entre corps et l'âme n'était pas absolument claire), raisons pour lesquelles il reste incertain quand, entre la naissance et la conception, un être humain est pleinement présent.

Dans une étude comparative, nous remarquons que, de même, dans l'Islam, l'âme a été insufflée au fœtus par Dieu. Semblable au christianisme, les opinions varient en ce qui concerne le moment où cela s'est produit, mais l'opinion générale est que l'âme entre dans le fœtus environ 120 jours après la conception.

Toutes les croyances ont des conceptions similaires spécifiques, la reconnaissance de leurs propres croyances étant le seul aspect constant. Dans les divers problèmes qui apparaissent dans les manifestations spirituelles, religieuses ou thérapeutiques, le désir de l'individu de reconnaître sa dimension intérieure, l'essence de son évolution, qui n'est pas toujours liée aux normes de la société dans laquelle il vit, est souligné. Le port du voile islamique est un exemple très courant et il dénote que l'homme, en général, tend à expérimenter cette reconnaissance de ses principes vitaux sans aucune restriction qui pourrait être donnée par la conduite morale majoritaire ou par la science, ce qui est possible si l'on considère le respect des personnes et la liberté de pensée[71]. La situation est la même dans le cas de l'acceptation de l'affichage de sapins décorés ou des symboles de Pâques.

L'aspect commun aux trois religions est que les âmes vivront éternellement. Globalement, les arts et les médias développent ce sujet aujourd'hui, fascinés par ce qui nous arrive après la mort[72]. Les cinq grandes religions du monde – le judaïsme, le christianisme, l'islam, le boud-

---

[71] Voir Martin-Lagardette, *op. cit.*, p. 52.

[72] Voir une étude récente en accédant à https://www.abc.net.au/news/2021-04-04/spiritual-supernatural-realities-australians-weig-in-this-easter/100046122, lu le 07.08.2021.

dhisme et l'hindouisme – croient en une version d'un « soi », appelé différemment, qui survit surtout à la mort, les différences consistant dans l'imaginaire lié à son origine, son parcours et destination.

Dans l'hindouisme, il n'y a jamais eu de temps où les âmes n'existaient pas, étant donné que nous avons tous existé dans le passé infini, étant connectés au Samsara – le cycle infini de la naissance, de la mort et de la renaissance. On croit que toutes les choses ont reçu leur être et leur vie du principe spirituel intérieur éternel Atman-Brahman. Cette énergie primaire individuelle ou l'âme (Atman) est considérée comme l'âme cosmique ou la réalité divine suprême (Brahman). En analysant les sources existantes, nous constatons que les bouddhistes croient en la conscience comme une flamme liée à notre corps similairement à la flamme d'une bougie et au moment de la mort, nous quittons le corps, mais cette flamme, en particulier notre flamme de crédit ou de débit moral, entre dans un nouveau corps ; c'est la « flamme karmique de la conscience » qui joue le même *rôle* que « l'âme » dans les autres religions. Karmiquement, nos âmes se réincarnent continuellement sous diverses formes physiques selon la loi du karma (loi cosmique du débit et du crédit moraux, selon laquelle tout acte moral, vertueux ou non, laisse sa marque sur l'individu, et à la mort, la quantité totale de karma détermine le statut dans la prochaine vie).

Enfin, comme ressemblant à l'hindouisme, le bouddhisme accepte qu'il n'y ait eu aucun moment où nous n'étions pas connectés au cycle de la naissance et de la renaissance, la différence étant que le bouddhisme ne croit pas qu'il existe une « âme » éternelle et inchangée qui transmigre d'une vie à l'autre et qu'il n'y a rien de permanent en nous, plus qu'une permanence dans le monde en général, ce qui nous amène à la question de l'héritage génétique ou de la perpétuation. L'interconnexion de l'univers et son origine interdépendante est symbolisée par Indra.

Sur la question de l'hérédité, en dehors de toute religion, on a dit de l'âme que si elle ne gardait pas trace de son expérience passée, elle serait parfaitement déterminée à chaque instant et ainsi ses manifestations pourraient être prédites, et les lois causales de la nature soutiennent non seulement nos connaissances sur l'énergie physique mais aussi notre activité en tant que producteurs et transformateurs dans l'environnement de cette énergie et ces réflexions peuvent également être faites sur l'énergie et le pouvoir de l'âme. Les exigences de l'âme humaine ne se limitent pas aux exigences de l'abstraction scientifique[73].

Le taoïsme offre des liens importants avec la nature et est considéré comme « le chemin de la coopération entre l'homme et la tendance ou le flux du monde naturel ; les principes de cette tendance peuvent être découverts dans les rythmes réguliers de l'eau, du gaz et du feu, rythmes qui sont plus tard imprimés ou reproduits dans ceux de la pierre et du bois, et plus tard dans de nombreuses formes d'art[74] ». Le Tao est la concordance entre les activités humaines (la vie et ses réalités) et les rythmes (la force) du cosmos.

Cette concordance entre les activités humaines et la Divinité se retrouve également dans la Torah (*Tôráh*) et fait parfois référence à des *orientations* et des *enseignements*, qui peuvent provenir des parents, des sages ou même de Dieu (Proverbes 1 : 8 ; 3 : 1 ; 13 : 14 ; Isaïe 2 : 3).

Nous pouvons voir de tout ce qui est dit dans les religions que l'épicentre est l'homme et sa connexion avec la force divine. Le véritable objet d'étude de l'humanité est

---

[73] Voir Rădulescu Motru C., *Personalismul energetic și alte scrieri*, Eminescu, 1984, pp. 236, 237.

[74] Citation de Watts Alan, *Tao: The Watercourse Way*, Maison d'édition Humanitas, 1996.

l'homme[75]. Pour autant, il n'existe pas seul et ne peut revendiquer, sans un ordre bien déterminé et adapté aux temps, des droits sur la vie des autres êtres. La science a un rôle décisif dans sa ligne, car elle n'est pas seulement un système d'idées, de représentations, de théories (image statique) en soi, mais c'est aussi un système en développement continu à travers lequel elle produit des valeurs spirituelles (image dynamique).

C'est un fait reconnu que le but des sciences sociales est de connaître les lois générales de l'existence et du développement de la société, exprimées par l'activité des personnes, les seules considérées comme étant douées de raison et de conscience et les sciences de la société comprennent les sciences du droit aussi. Comme nous le verrons, l'homme reste le principal destinataire reconnu du droit de l'âme mais il est fort possible qu'il ne soit pas le seul, c'est pourquoi une distinction sera faite entre les destinataires traditionnels et émergents ou conventionnels (hybrides). Le support de sa propre existence est discuté en lien direct avec la relation entre le droit pour soi et le droit pour l'individu. Préserver sa propre existence est le but des structures sociales, c'est-à-dire garder la cohérence logique de la structure. Le droit lui-même est une structure logique pour laquelle il faut améliorer l'individu sans qui l'ordre devient forcé, d'où l'émergence du caractère

---

[75] "Das eigentliche Studium der Menschheit ist der Mensch" – allemand. « Le véritable objet d'étude de l'humanité est l'homme », Goethe, dans son roman *Die Wahlverwandschaften* (*Affinités électives*) – partie II, chap. 7 – apparu en 1809. Le moraliste français Pierre Charron, 200 ans auparavant, dans *Traité de la sagesse* (*Treatise on Wisdom*, 1601), a formulé la même idée : « La vraie science et la vraie étude de l'homme, c'est l'homme ». Lessing, à son tour, a reconnu que, « [la] préoccupation la plus noble de l'homme est l'homme ».

contraignant de l'ordre mais aussi le caractère humain de l'équilibre de la justice.

« Dans notre société laïque, l'âme, concept philosophique ou religieux, n'a plus droit de cité. [...] La thèse que nous voulons défendre ici est que l'âme, non seulement est une question d'intérêt public, mais aussi qu'elle est virtuellement et qu'elle doit se voir accorder des droits, de véritables droits reconnus par la communauté nationale, sinon universelle. En effet, selon que nous avons ou non une âme, telle ou telle question de société sera abordée de façon très différente[76] ». L'une de ces différentes approches est celle contenue dans ce livre.

Néanmoins, la théorie actuelle part du postulat que toutes les formes de vie, les êtres qui naissent, vivent et meurent, quels que soient leur catégorie, leur règne, ont une âme[77]. L'espérance de vie n'a pas d'importance ; elle peut être variable, quelle que soit l'unité de temps vécue comme toute forme de vie.

L'âme ne peut être restreinte par aucune forme politique, sociale, économique ou autre, terrestre ou extraterrestre. Nous sommes arrivés à un point où il y a de nombreuses théories qui présentent l'existence de l'âme comme la principale revendication parmi les forces du bien et du mal qui se battent pour extraire des âmes les énergies produites par la souffrance ou le bien-être, énergies que ces forces cultivent pour se nourrir. L'absence de l'âme étant inconcevable, beaucoup d'entre nous se sont demandé pourquoi les forces invisibles se battraient si durement pour l'âme humaine ? Pourquoi tant d'efforts ?

---

[76] Voir Martin-Lagardette Jean-Luc, *Les Droits de l'âme. Pour une reconnaissance politique de la transcendance*, L'Harmattan, France, 2008.

[77] La théorie peut également être appliquée aux robots, tant qu'un robot copie un être qui est né et a vécu n'importe quelle unité de temps dans n'importe quelle forme de vie.

Qu'est-ce qui est en jeu ? Le problème des spécialistes du futur sera la protection de l'âme et des biochamps des formes de vie, ainsi que la protection du corps et du droit de propriété, de sorte que, aussi aberrant que cela puisse paraître au moment, nous devons dire que le temps est venu pour eux de sortir de l'esclavage de l'ignorance, aspects qui doivent être postulés par le pouvoir de déduction et qui doivent être protégés et soutenus dans l'évolution par les formes de gouvernement existant à un moment donné dans la société, quels que soient leur structure ou leur type.

La première étape est l'affirmation d'un droit des âmes et des biochamps des formes de vie et donc le passage du phénomène à la norme juridique et à la deuxième étape est donné par la mise en place d'institutions chargées de veiller au respect de ces droits particuliers. L'efficacité de la loi pour influencer le comportement humain exige plus que des règlements juridiques écrits. Elle exige des institutions. Les institutions, selon Douglass C. North, lauréat du prix Nobel d'économie en 1993, « sont des contraintes développées par les personnes, qui structurent les interactions politiques, économiques et sociales ».

Sans tomber dans le réductionnisme et en considérant le rôle particulièrement important que la jurisprudence joue, on peut dire qu'il ne faut pas s'attendre à ce que seule la pratique judiciaire règle même l'émergence du droit de l'âme. La décision rendue le 20 avril 2021[78] du juge Marc-André Blanchard de la Cour supérieure de Québec pourrait être utilisée dans tous les débats ultérieurs. Par cette décision (appelée à certains égards par le gouvernement canadien), on a décidé que l'âme humaine existe et que la preuve (extraite par la méthode de déduction légale mentionnée ci-dessus) de son existence est l'un des fonde-

[78] Avril 2021.

ments du droit canadien. Le juge devait déterminer si un religieux employé par l'État pouvait être invité à retirer ses symboles religieux pendant les heures de travail. C'est exactement ce que j'ai montré auparavant : le désir des gens de pouvoir se manifester publiquement, y compris d'un point de vue confessionnel. La réponse du tribunal dans cette affaire a été négative, car « cette violation » (interdiction d'afficher certains symboles religieux) atteindrait « même l'âme ou même l'essence de cette personne ». Par conséquent, par cette décision, l'âme est déclarée « l'essence d'une personne ».

Or, comme nous l'avons montré antérieurement, la tâche d'identifier, dans certains cas, l'ensemble des présomptions sur lesquelles elle se fonderait pour décréter son existence ne peut être assignée à la jurisprudence, même si, à chaque occurrence d'une branche de droit, celle-ci a joué un rôle décisif, passant d'une source auxiliaire à une source principale. Il faut aussi dire que, naturellement, l'âme ne connaît aucun dogme, qu'elle ne peut être obstruée par aucun dogme, et qu'on ne peut lui demander d'attendre de la miséricorde ou de l'aide d'entités extérieures. Aucune action, de quelque nature que ce soit, n'a le droit d'affecter ou de manipuler le pouvoir intérieur et indépendant de l'âme, ce qui est également vrai pour les champs d'énergie des formes de vie.

Bref, le droit de l'âme et des biochamps des formes de vie peut être cette branche de droit qui règle les relations juridiques entre ses sujets en corrélation et en harmonie avec la totalité des destinataires de ces normes.

Les droits dans leur ensemble, liés à l'âme et aux biochamps des formes de vie, sont préfigurés comme ayant un pouvoir d'opposabilité, c'est-à-dire qu'ils apparaissent comme absolus ayant à la fois un caractère patrimonial et non patrimonial, et qui, en tant que degré de l'autonomie, sont des droits principaux qui offrent à leurs bénéficiaires une pleine sécurité car ils produisent des effets immédiats, définitifs et irrévocables, étant des droits purs et simples (ils peuvent également être affectés par des modalités sous certaines conditions particulières).

Néanmoins, l'accent est mis sur le caractère absolu de ces droits, car ils donnent à leurs titulaires le pouvoir de les exercer seuls contre quiconque pourrait les violer, étant opposables *erga omnes* (à tous).

Des recherches ultérieures pourraient développer le caractère absolu de ces droits lorsque l'on se réfère à d'autres formes de vie, autres que l'être humain, à travers les institutions de droit existantes ou en les adaptant. En d'autres termes, le droit du sujet actif correspond à l'obligation de tous les autres – en tant que sujets passifs indéterminés (indéterminés au sens où seulement plus tard, celui qui méconnaîtra l'obligation sera le sujet passif) – de ne rien faire de porter atteinte au droit du sujet actif. C'est le point où l'importance de la loi, cette importance de régulation, de protection, devient essentielle, parce que ces droits absolus sont limités par le but même en considération duquel la loi l'admet, selon le droit civil.

Pour donner un exemple des droits absolus reconnus jusqu'ici, nous énumérons les droits indissociables de la personne humaine : le droit à la santé et à l'intégrité physique ou mentale, le droit à l'honneur et à la réputation mais aussi le droit à la propriété. Ces droits absolus, y compris le droit de l'âme et des biochamps des formes de vie, peuvent être obtenus par eux-mêmes, sans qu'il soit nécessaire de faire participer activement d'autres personnes.

Dans le droit civil, ils sont appelés génériquement *biens*. Notre corps peut être considéré comme un bien, car nous avons à l'esprit la théorie du droit civil selon laquelle les biens qui ont une existence matérielle sont corporels, donc tangibles, tandis que les biens immatériels sont les droits eux-mêmes. Cette classification de la notion de *biens* qui ont un idéal et une existence matérielle (en tant que substance) est issue du droit romain. Bien que de nombreuses réglementations de droit civil ne fassent toujours pas une division claire des actifs matériels et immatériels, je pense que c'est le seuil même qui peut être franchi de manière évolutive, dans les recherches ultérieures par le droit de l'âme et des biochamps des formes de vie. Les discussions concernant la classification en tant que biens de droit dans la théorie actuelle peuvent aller si loin que nous pouvons les classer comme indivisibles, car elles ne peuvent être divisées sans changer leur destination. Logiquement, il s'ensuit qu'il ne peut y avoir de convention par laquelle leur divisibilité ou leur transmission peuvent survenir, étant indivisibles par nature.

Même si l'habitat de certaines formes de vie (comme les réserves naturelles) relève du domaine public, ces biens restent dans le domaine privé mais ont un statut inaliénable. Si l'on devait s'en tenir à ces aspects, cela signifie que ces ajouts doivent être faits dans toutes les réglementations mondiales sur la propriété, y compris l'achèvement de l'Article premier du Protocole additionnel à la CEDH, sur la propriété, car cette dernière, dans son intégralité, ne peut rester en dehors du champ d'application de la réglementation, et nous savons que le droit de propriété fait partie de la catégorie des droits civils, avec le droit fondamental à la vie.

Le droit de propriété est né en même temps que l'homme ; les archives prouvent qu'à l'origine, les droits de propriété étaient inscrits dans la tradition orale sous le nom de *lois*, telles que *la loi de l'habitat*, *la loi de la famille*, *la loi de la route*, *la loi de la montagne*, *la loi des forêts*, *la loi de l'eau*, etc.

Essentiellement, en tant que droit de propriété, le droit de l'âme et des champs d'énergie des formes de vie est constitué comme le droit de toutes les formes de vie d'en bénéficier et d'en disposer naturellement, exclusivement et absolument.

Sans entrer dans les détails de ces notions, j'affirme que cette théorie vise à signaler l'existence des droits pour lesquels c'est le moment de discuter afin de les réglementer et, par conséquent, la proposition des sujets de recherche est un support important pour l'évolution du droit applicable.

L'idée que le droit de chacun à son corps est un droit de la personnalité n'a pas un potentiel sérieux et réel pour couvrir toutes les questions juridiques concernant le corps humain et, encore moins, l'âme et les champs énergétiques.

Compte tenu de la transcendance de l'âme par rapport aux caractéristiques des règles de droit et de leur relativité, toute régulation doit se fonder sur le principe d'avoir des effets appropriés dans le temps et l'espace, plus précisément, ici et maintenant. Savigny s'est référé à la reconnaissance juridique de la relativité et de la dépendance de la nature du droit et des idées d'une manifestation unique de la vie sociale, montrant que bien que la loi cherche à contrôler les gens, elle est le produit de gens vivants à un moment, dans un lieu particulier et dans la société, contexte bien défini dans lequel une loi peut leur être appliquée[79].

---

[79] Stone Julius, *The Province and Function of Law: Law as Logic, Justice, and Social Control, a Study in Jurisprudence*, Harvard UP, 1946, p. 445. Friedrich Carl von Savigny appartenait à l'École allemande de droit historique, fondée par Gustav von Hugo. Grâce à sa contribution impressionnante à la théorie du droit naturel, il a accéléré l'évolution du droit en général.

En conclusion, il n'y a pas de réponse à une question à laquelle il conviendrait d'avoir une solution avant qu'il ne soit trop tard : pourquoi au moins la propriété du corps humain n'est-elle pas réglementée ?

L'une des réponses les plus tolérantes serait que la société juridique n'est pas encore prête à relever ces défis.

La perspective de définir ce droit :

Toute définition de ce droit doit tenir compte de la pluralité des perspectives à partir desquelles il peut être réalisé[80].

Le droit de l'âme peut être constitué de règles qui n'ont pas d'existence objective mais qui sont des instruments mentaux qui n'ont pas de matérialité, qui sont des normes, des mesures abstraites de la conduite humaine, n'existant que par des relations intersubjectives[81]. « Tout être a en lui-même une loi de formation et de développement » ; il naît avec un cadre invisible mais bien réel, au sein duquel il grandit et qu'il cherche à remplir. Lorsqu'un organisme atteint la forme qui représente le but ultime de sa faculté de développement, il atteint la perfection et s'est idéalisé[82].

« Les règles juridiques nous fournissent un type de comportement idéal. Mais, [...] qu'entendons-nous par idéal ? Le modèle lointain par lequel l'humanité se développe et se perfectionne ; non seulement le type de forme

---

[80] Voir Dogaru I., Dănişor D. C., Dănişor Gh., *Teoria generală a dreptului/Théorie générale du droit*, Maison d'édition scientifique, Bucarest, 1999, pp. 37, 38.

[81] *Ibidem.*

[82] Nordau M., *Minciunile convenţionale ale civilizaţiei noastre/Les Mensonges conventionnels de notre civilisation*, traduction après la 14e édition allemande par Cantianu M., Bucarest, Maison d'édition de la librairie Socec & Co., 1921, pp. 68, 69.

du corps, mais aussi le type de vie de l'âme, la façon de penser, la façon dont la société est formée[83] ».

Les règles juridiques sont des règles publiques ; le comportement contenu dans la norme juridique ne peut être suivi par des individus que s'il est porté à leur attention[84]. La norme juridique, bien que territoriale, est une règle générale et non individuelle car elle s'adresse aux destinataires de manière diffuse et impersonnelle[85].

Bien sûr, des dizaines de volumes peuvent être développés pour établir la définition du droit (le plus difficile de tous), notamment la recherche de la définition du droit de l'âme ou du droit des biochamps des formes de vie peut être une tâche extrêmement difficile. Néanmoins, il est important qu'il soit nécessaire d'établir une telle définition, qu'on ait un objet, une valeur qu'il faut protéger – l'âme et qu'on ait des relations juridiques spécifiques, c'est vrai, insuffisamment développées mais elles n'entravent pas l'évolution du concept lui-même.

Pour formuler une définition, il est absolument nécessaire d'étudier le rapport juridique du droit de l'âme, notamment l'étude de la catégorie des rapports réglementés par des règles juridiques particulières (principalement les droits de l'homme, le droit naturel, le droit de la nature, les droits des animaux, l'obligation de respecter la vie), dont la formation, la modification et la dissolution sont généralement produites par l'intervention d'un fait juridique et dans lequel les parties apparaissent comme titulaires de droits et d'obligations dont l'accomplissement est assuré, le cas échéant, par la force de contrainte de l'État.

---

[83] *Ibidem.*

[84] Voir Pescatore P., *Introduction à la science du droit*, Centre universitaire de l'État, Luxembourg, 1978, p. 421.

[85] Popa N., *Teoria generală a dreptului/Théorie générale du droit*, Maison d'édition Actami, Bucarest, 1996, p. 153.

La base est constituée de conventions internationales qui sont des règles de droit coutumier pour les tiers.

Le droit de l'âme et de la sphère de l'âme (y compris l'énergie) a le potentiel d'être une discipline du droit et, compte tenu d'une évolution progressive, il est possible d'être un domaine de droit dans les années à venir. Les disciplines diffèrent les unes des autres par leurs principes, leurs méthodes et leur objet d'étude.

Similitudes et différences générales sur la vie, les lois et la spiritualité

Selon les dictionnaires, la vie (latin *vivitia* < *vivus*, « vivant ») est un complexe de propriétés et de fonctions des organismes. Les organismes vivants sont des entités matérielles qui soutiennent leur existence par des processus biologiques tels que la régulation interne, le métabolisme et la reproduction. Les formes de vie familières comprennent : les plantes, les animaux, les champignons, les algues et les bactéries. La science qui traite de l'étude des êtres vivants et des phénomènes de la vie s'appelle la biologie.

Le concept de *vie* englobe une grande variété de significations. Bien que de nombreuses définitions aient été proposées, il n'y a aucune description concluante pour délimiter clairement la distinction entre la nature vivante et les autres réalités. La biologie moderne définit la vie principalement en caractérisant les actions accomplies par un être vivant : protection de l'environnement interne, échange de matière et d'énergie avec l'environnement, croissance et développement, adaptation à l'environnement, réponse aux stimuli et évolution. D'autres définitions incluent parfois des formes de vie non cellulaires, telles que les virus et les viroïdes.

Dans le passé, il y a eu de nombreuses tentatives pour définir la « vie » par des concepts dépassés, tels que la force odique, l'hilomorphisme, la théorie de la génération spontanée et le vitalisme, qui ont été réfutés par des découvertes biologiques. Aristote est considéré comme le premier à classer les organismes. Carl Linnæus a introduit plus tard le système de nomenclature binomiale pour la classification des espèces. Finalement, de nouveaux groupes et catégories de vie ont été découverts, tels que les cellules et les micro-organismes, forçant des révisions dramatiques dans la structure des relations entre les organismes vivants. Bien que la vie ne soit actuellement connue que sur la Terre, elle ne doit pas s'y limiter, et de nombreux scientifiques spéculent sur l'existence d'une vie extraterrestre. La vie artificielle est une simulation informatique ou une reconstruction artificielle de tout aspect de la vie qui est souvent utilisée pour examiner les systèmes liés à la vie naturelle.

La mort est l'arrêt permanent de tous les processus biologiques qui soutiennent un organisme et, en tant que tel, elle est la fin de sa vie. L'extinction est le terme qui décrit la mort d'un groupe ou d'un taxon, généralement une espèce. Les fossiles sont les restes ou les traces conservées des organismes.

Ce sont les définitions générales souvent rencontrées, concernant la partie matérielle de la vie, cette partie corporelle à laquelle j'ai fait référence lorsque j'ai fait un parallèle entre le droit de propriété, l'âme et les champs énergétiques. Considérées comme une somme de biens tangibles et intangibles, nous remarquons qu'entre la vie et la spiritualité, il y a toujours eu un lien étroit qui a préoccupé le processus de réglementation juridique au fil du temps.

Dans la doctrine, l'interaction entre les lois et la spiritualité est de plus en plus souvent envisagée en termes d'intentions individuelles et collectives ainsi que celles de valeurs culturelles et il y a des théories qui soutiennent que les systèmes juridiques évoluent également par la spiritualisation, « favorisant la dématérialisation du système juridique, encourageant la limitation de la domination, inspirant la réduction des contraintes, stimulant la communion et le consensus dans la société ou augmentant le respect du droit et des systèmes juridiques. La spiritualisation nécessite la reconnaissance de la dimension supérieure de la loi et aide donc à repenser, réorienter, renouveler, réformer et *réinventer* les lois et les systèmes juridiques[86] ».

Pourtant, la spiritualité est incluse dans la vie et ses limites restent encore marquées autour de l'homme ; on peut l'affirmer sur la base du niveau actuel d'évolution de ces concepts. Les animaux et la nature ainsi que leur protection vivraient plutôt sous l'égide du concept de vie et de protection de la vie, que sous la protection du concept de spiritualité, malgré le fait que cette dernière a pour mission l'harmonie avec l'univers entier. Bien que la loi et la spiritualité aient le potentiel de s'étendre et de s'adapter à tous les aspects de la vie, cependant, le niveau d'adaptation de la loi semble plus possible et moins compliqué, donc plus facile à atteindre. R. Domingo, analysant bien sûr son thème et se référant strictement à ce sujet, a noté que, même s'il y a des différences, degrés et intensités subtiles, la spiritualité embrasse tous les aspects de la vie humaine et, en général, de la vie. On peut donc ajouter une observation selon laquelle le concept de spiritualité aurait dû prendre jusqu'ici une plus grande importance dans toutes les formes de vie. Domingo a également présenté certaines similitudes entre la loi et la spiritualité, qui sont utiles pour toute enquête : les sys-

---

86 Domingo Rafael, Why Spirituality Matters for Law: An Explanation, *Oxford Journal of Law and Religion*, volume 8, numéro 2, juin 2019, pp. 326-349, https://doi.org/10.1093/ojlr/rwz018.

tèmes, la loi et la spiritualité exigent que tous les nouveaux éléments de l'extérieur soient reçus dans le système selon leur propre langage ; les arts, le droit et la spiritualité impliquent une compréhension pratique et une classification (règles, définitions, divisions) des choses universelles, pas seulement la pure accumulation d'expériences individuelles ; en tant que science, le droit et la spiritualité ont des sources, des méthodes d'interprétation, des procédures et un langage spécifiques ; tout comme la science, la loi et la spiritualité peuvent être manipulées et corrompues – tout comme il peut y avoir une fausse loi (par exemple, la loi de l'esclavage, la loi nazie), de même il peut y avoir une fausse spiritualité (par exemple, l'occultisme et les arts magiques) ; aucune sagesse juridique ou spirituelle accumulée du passé, c'est-à-dire qu'aucune tradition n'est transmise à la génération suivante uniquement sur la base de la raison pure – la culture est renouvelée et rafraîchie en permanence[87].

Dans une étude particulièrement intéressante, Victoria G. Williams, se référant aux valeurs spirituelles des peuples aborigènes d'Australie, mentionne que « les ancêtres de la création ont ainsi posé non seulement les fondements de la vie, mais aussi ce que les gens devaient faire pour soutenir une partie de cette interdépendance avec la loi. La loi garantit que chaque personne connaît ses relations et ses responsabilités envers les autres (ses parents), le pays (y compris les cours d'eau, les reliefs, les espèces et l'univers) et leur relation continue avec les esprits de leurs ancêtres[88] ».

---

[87] Domingo R., *op. cit.*, pp. 326-349.

[88] Victoria Grieve Williams, *Aboriginal Spirituality: Aboriginal Philosophy, The Basis of Aboriginal Social and Emotional Wellbeing*, Document de travail n° 9, Centre de recherche coopérative pour la santé autochtone, Darwin, 2009, p. 7. Cette étude révèle les croyances originales des aborigènes australiens, en discernant des mots tels que

En effet, l'objectif idéal, que la loi puisse avoir inclus comme réglementation les relations et les responsabilités entre les humains et entre eux et la terre (y compris au sens de son propre territoire, de pays), la nature, les autres espèces et l'univers. Ces valeurs ont été perturbées au cours de l'histoire par des influences politiques, militaires, etc., mais rien n'empêche leur redécouverte et leur protection.

Par conséquent, le lien entre la vie, la spiritualité et la loi est inséparable – le premier est le début, le second est le développement et la loi est la protection des deux. L'univers a créé la vie et la vie crée l'univers plus loin. La spiritualité a le rôle idéal d'encourager la croissance et la loi a le rôle de protéger la vie dans son intégralité. Des blocages surviennent lorsque ces rôles ne sont pas joués.

L'environnement de l'âme et le personnalisme énergétique

Pour l'homme, le pouvoir de la mémoire, le pouvoir visuel ou le pouvoir de l'imagination sont causalement déterminés par certains phénomènes. De même, le pouvoir de l'âme est confirmé autant de fois qu'une loi constante est confirmée dans la succession de certains phénomènes de l'âme. Après tout, au sens scientifique, on ne peut affirmer qu'un pouvoir de morale, de science, de religion, de personnalité, de culture, etc. Leur pouvoir réside donc dans leurs lois causales. L'hérédité parle d'elle-même à chaque fois. Dans le cas des animaux, les études des biolo-

---

rêve ou *loi* comme étant bien plus que n'importe lequel de ces mots peut exprimer en anglais et bien plus qu'une philosophie limitée à la religion en termes occidentaux. En anglais, il n'y a pas de sens équivalent des mots autochtones qui portent le fardeau de communiquer ce que la vie elle-même signifie, dans chaque manifestation et dans tous les sens, de tous les temps.

gistes ont remarqué comment ceux-ci, sous l'influence de leur passé ancestral, c'est-à-dire de leur cours évolutif en tant qu'espèce, répètent instinctivement des mouvements dans les circonstances actuelles, comme le vol, la nage, la chasse, etc. Ce sont des similitudes dans la nature à l'action humaine volontaire. Les fonctions du système nerveux sont communes aux organismes humains et animaux, un angle sous lequel la physiologie et la biologie donnent un argument plus éloquent que la philosophie. Par conséquent, le monde organique trouve son reflet dans le monde de l'âme. Libérés de l'hérédité, les phénomènes de l'âme pourraient être parfaitement subsumés au déterminisme scientifique et les lois causales seraient plus nombreuses, ce qui donnerait à l'homme un surcroît de puissance, étendant le champ dans lequel il peut intervenir par son activité[89].

Pour continuer, nous pouvons passer aux observations sur ceux qui nous entourent. Malgré ceux qui revendiquent la théorie de la liberté, ce que nous avons trouvé dans le monde biologique nous amène à des conclusions théoriques très importantes pour la vie de l'âme des animaux, d'autant plus que toutes les prémisses sous-jacentes aux revendications de liberté uniquement pour l'âme humaine contiennent en réalité l'incapacité de concevoir la détermination des actes de volonté dans une mesure scientifique. Selon les dictionnaires juridiques, les actes de volonté sont déterminés par des causes externes, les conditions de vie et l'éducation d'une personne. La volonté est un concept philosophique et il représente la capacité de transformer l'intention en action. Elle sous-tend tout acte extérieur conscient. En matière pénale, par exemple, l'auteur n'est pas pénalement responsable de l'acte com-

[89] Voir Rădulescu Motru C., *Personalismul energetic și alte scrieri*, Eminescu, 1984, pp. 237, 238.

mis s'il n'a pas l'intention manifestée par la volonté. Néanmoins, le mécanisme de l'activité volontaire non seulement donne à l'homme l'exclusivité de l'existence de l'âme, mais il ne lui attribue qu'un degré supérieur, qui n'exclut pas l'existence de l'âme chez les animaux. Comme je le soulignerai ci-dessous, il n'y a que des différences évolutives entre les âmes des formes de vie, que nous ne pouvons nier tant que nous n'avons pas d'arguments pour le nier et que la science ne nous a pas encore montré comment comprendre leur langage et leurs manifestations. « Le même mécanisme de l'âme est à la disposition de l'homme, comme il est à la disposition de l'animal. Seul le raffinement du mécanisme distingue l'un de l'autre. Et ici, pourrait-on encore ajouter, non pas parce que l'un est humain et l'autre animal ; car il y a de si grandes différences entre les humains, que certains d'entre eux sont proches, dans leur mécanisme volontaire, plutôt des animaux que du reste de leurs semblables[90] ».

La conscience de l'individu, bien que ce soit le sentiment de comprendre son existence personnelle et son intégration dans l'univers, dans sa recherche de schémas qui lui donnent l'illusion de la vie pratique, semble avoir bloqué le chemin de l'évolution de l'âme. Dans ses initiatives pour consolider l'illusion de stabilité, l'homme a continuellement créé et développé des habitudes, des lois, des institutions, une culture, etc., comme ancres de sa réalité extérieure. Dans cette perspective, les philosophes métaphysiques étaient convaincus que la découverte d'une science objective basée sur des réalités non conditionnées par la personnalité humaine pouvait être la solution la plus appropriée. Chacun de nous sait que l'âme humaine tend à s'ancrer vers l'extérieur, au lieu de réaliser ses propres

---

[90] R. Motru C., *Personalitatea energetică/Personnalité énergétique*, p. 295.

états ; ses sensations internes, émotions, motivations doivent logiquement nous concerner plutôt que des images externes qui nous tiennent à cœur afin de les connaître, de nous les expliquer et de les maîtriser[91]. Même les mots utilisés pour décrire les états d'esprit intérieurs, comme nous le notons, sont empruntés à des objets externes[92].

Si l'on suit le fil de l'histoire juridique, on constate, concernant la personne en relation avec l'environnement social, que dans l'ordre d'avènement des relations juridiques, le respect des droits de l'homme s'est progressivement accru – de la personne morale en droit romain, à la personne physique en droit moderne, à la théorie selon laquelle « l'émancipation de l'individualité signifie le triomphe de l'humanité sur l'inconscient dans la nature et de l'histoire [93] ». Et pourtant, comme le remarquait C. R. Motru, « peu importe à quel point la personnalité humaine est remarquable au cours des siècles de culture, il semble que le cœur humain ne réjouisse pas trop. […] si la personnalité est si grande, si sa puissance est si réelle, alors nous devrions entendre partout, en toute occasion son hymne de gloire. […] Existe-t-il un dualisme fatal à l'intérieur qui empêche l'homme de jouir du résultat de ses victoires ? D'une part, dans les manifestations extérieures de la culture, dans les manifestations contrôlables de la science et de la logique, verrons-nous augmenter la puissance de l'homme, et d'autre part, dans le domaine

---

[91] Rădulescu Motru C., *Personalismul energetic și alte scrieri*, Eminescu, 1984, p. 198.

[92] Hoffding H., *Psychologie in Umrissen auf Grundlage der Erfahrung*, trad. Bendixen, 1887, p. 2, apud Motru, C. R. Personalismul energetic, p. 198.

[93] Voir Stere Constantin, *Evoluția individualității și noțiunea de persoană de drept*, Tipografia H. Goldner, 1897, p. 213 et la suivante/*L'Évolution de l'individualité et la notion de personne morale*, Imprimerie H. Goldner, 1897, p. 213 ff.

des faits incontrôlables, cachés à la lumière de la science et logique, pouvons-nous avoir la diminution et la ruine du même pouvoir ? [...] la puissance de l'homme s'exprime par les produits extériorisés de la culture, mais non ressentie par l'homme. Le géant du monde extérieur est le nain du monde intérieur[94] ».

L'élément de logique, si nous devions le considérer comme essentiel, contournerait les liens de causalité, étant donné que : l'environnement cosmique est unicentral et l'environnement de l'âme est pluricentral ; il y a plusieurs unités établies à l'intérieur, ayant les mêmes lois causales de l'âme (les mêmes fonctions élémentaires de l'âme dans chaque être humain, ces relations de cause ou de cause-effet), qui ont toujours un groupement contradictoire. La conscience d'un individu est mécaniquement orientée dans le choix de plusieurs unités, vers la plus durable, à laquelle il appartient, selon lui, un phénomène qui est en réalité contrôlé par la mesure de sa puissance d'âme, une puissance qui cherche à être basée sur des règles de conduite fixes à guider. Sur la logique, l'histoire montre comment l'humanité a pratiqué les vérités de la science moderne avant d'avoir la théorie logique de ces vérités[95].

La relation de l'individu avec l'environnement de l'âme dépend également de l'adaptation ; de plus, l'adaptation du milieu humain au milieu cosmique ne se fait pas dans les mêmes conditions que l'adaptation du monde animal et végétal au milieu cosmique. On peut dire que les animaux naissent avec cet instinct d'adaptation, alors que l'homme doit le pratiquer, s'y entraîner. L'évolution a impliqué un autre type d'adaptation : plus l'environnement de l'âme s'est différencié et s'est enrichi d'éléments nouveaux, plus son désir de maintenir sa propre indépendance par rapport

[94] R. Motru C., *Personalismul energetic*, pp. 229, 230.
[95] R. Motru C., *Personalismul energetic*, p. 248 ff.

à l'environnement extérieur est transparent. La différenciation d'un organisme passe toujours par sa lutte pour préserver l'unité.

Pour l'homme, la conscience sociale a été formée par ses intérêts qui sont d'abord apparus dans la sphère de l'âme d'où ils sont sortis dans la conscience publique. Les origines de l'idée de justice, donc les débuts des réglementations légales, étaient le désir de vengeance et le sentiment d'égalité. L'intention (la passion) de vengeance est l'un des plus anciens sentiments négatifs qui soient entrés dans l'âme, enracinée dans l'instinct de conservation. L'homme comme l'animal sentaient qu'ils devaient réagir aux coups reçus, leur répondant automatiquement[96]. Dès ce début, à travers ce phénomène de réaction par vengeance, les règles sont apparues. Elles ont évolué en s'adaptant aux différents faits et situations naturelles de l'homme et de la société, de sorte que la transition vers les principes abstraits d'aujourd'hui s'est faite, cependant, par le même processus évolutif, par des personnages éminents porteurs d'un idéal, les grands personnages de temps particuliers qui n'auraient pas la possibilité d'affirmer ces idéaux de justice, d'avoir raison s'ils n'avaient pas été déclenchés par l'intention primitive de vengeance qu'ils voulaient contrecarrer dans leur idéal. En outre, « il y aura de nombreux conflits d'intérêts égoïstes jusqu'à ce que les principes correspondant à un idéal élevé soient atteints. En outre, les pouvoirs spirituels de la religion, de la science, de l'opinion publique, etc., sont impliqués. Nous considérons tous ces pouvoirs car ils représentent certaines habitudes d'âme connectées qui servent en quelque sorte de cadre au cours des phénomènes sociaux d'aujourd'hui.

[96] Lafargue Paul, *Le Détérminisme économique de Karl Marx*, pp. 97, 98, et E. Westermarck, *Ursprung und Entwicklung der Moralbegriffe*, p. 33 ff, apud R. Motru C., *Personalismul energetic*, pp. 372, 373.

Mais à quel point ces pouvoirs ont-ils été perturbés dans leur passé[97] » !

En conclusion, l'histoire de l'univers est dans les formes de vie, dans toutes les formes de vie, sinon, l'histoire serait incomplète et la conscience des gens d'aujourd'hui vise l'évolution de l'univers jusqu'à présent.

L'idéal reste une personnalité parfaitement adaptée à l'univers. Le point où nous en sommes aujourd'hui est de voir par expérience, par le fait que toutes nos connaissances, formes d'intuition et postulats de raisonnement, sont des corrélations de ce qui est arrivé à l'univers entier et nous continuons simplement l'ordre des adaptations précédentes. L'hypothèse du personnalisme énergétique fait partie de la synthèse en tant que produit de l'ordre des événements de la réalité, et nous sommes des indicateurs de la direction de l'évolution vers laquelle convergent les différentes énergies de l'univers. « Du jeu des forces élémentaires de l'évolution des organismes, la splendeur de l'âme humaine s'expliquera une fois dans le futur[98] ».

Le personnalisme énergétique reste une théorie utile, un lien entre la réalité de la matière et la réalité de la personne et même la possibilité d'unifier ces deux réalités. « Le personnalisme énergétique est un réalisme fondé sur l'extension de la loi de l'énergie à l'ensemble du champ de l'expérience humaine, tant matérielle que spirituelle[99] ». Cela dépend de l'homme contemporain, comment il gérera davantage son personnalisme énergétique acquis, afin que l'ordre et l'harmonie s'établissent entre lui et ses semblables (la société), et dans sa relation avec la nature, les animaux et l'univers tout entier.

---

[97] Motru, *Personalismul energetic*, p. 373.
[98] Motru, *Personalismul energetic*, p. 511.
[99] R. Motru C., *Personalitatea energetică*, p. 631 ff.

DEUXIÈME PARTIE

Sources du droit de l'âme et du droit des biochamps des formes de vie

En général, la notion de sources (origines) du droit est décrite dans le but de présenter l'origine et les modes d'expression et de formation du droit, et en particulier, concernant la théorie évaluée dans ce livre, il y a des questions telles que : *Qui crée ce droit ? Comment et sous quelle forme des normes juridiques pourraient-elles être créées en fonction des spécificités de cette discipline ?* Et surtout, la question la plus fréquente à l'avenir sera : *Où chercher les normes juridiques propres au droit de l'âme et comment se manifesteront-elles ?*

La source de n'importe quel droit est hors de l'État (Dieu, Nature, Société) selon la théorie de l'hétérolimitation et l'État ne peut qu'interpréter le droit, sans le justifier, l'existence du fondement du droit étant hors de l'État. Les règles constitutives tirent leur force obligatoire non du fait qu'elles sont édictées par l'État, mais de la norme objective sur laquelle elles se fondent[100].

Et dans le cas du droit de l'âme, la source du droit est un facteur qui crée le droit de source social et même

[100] Voir Chevallier, J., *L'État de droit*, en Revue du droit public, Tome cent quatre, éd. PUF, 1988, pp. 352, 355.

économique, par lequel on désigne les réalités et les nécessités de la vie et qui fait du droit une création sociale et historique mue par une série des causes morales et sociales telles que le droit naturel, le droit canon et le droit ecclésiastique, y compris des aspects tels que la manière d'être d'un peuple ou de plusieurs États dans le cas du droit international.

En tant que création d'un législateur ou en tant que source formelle du droit, nous nous référons aux formes concrètes et spécifiques sous lesquelles les normes du droit sont ou peuvent être exprimées. Dans le cas du droit de l'âme, comme dans d'autres branches du droit, on retrouve la source d'étude du droit ancien, à savoir les documents qui préservent ou recherchent le passé, comme nous le verrons dans ce livre dans l'étude des sources de ce droit. Par exemple, les règles que les prêtres doivent suivre pour un meilleur soin de l'âme des gens, les règles que les praticiens de thérapies alternatives/complémentaires suivent pour un bon soin des biochamps des êtres et même les règles qui doivent être suivies par les gens, le tout avec le but d'établir une santé de l'âme, respectivement des champs énergétiques, qui se reflète dans la santé physique.

Compte tenu de la théorie générale du droit comme point zéro, les formes spécifiques d'expression des normes juridiques du droit de l'âme et des biochamps et des champs auriques forment un système régi de la manière suivante : (i) à l'intérieur du système, les actes normatifs sont dans une hiérarchie dont l'essence est la primauté de la loi ; (ii) dans les relations avec les sujets auxquels ils s'adressent, les actes normatifs ont la même force obligatoire, les uns ne pouvant contredire les autres.

Si nous voulons faire une liste, toutes les lois fondamentales (constitutionnelles), les lois organiques et les lois ordinaires (naturelles) peuvent être source du droit de l'âme. Ils comprennent des dispositions importantes pour le droit de l'âme et des biochamps et des champs auriques concernant (i) la liberté de pensée, de conscience et de religion (la religion ne peut exister sans la conviction de l'homme que l'âme existe et elle est immortelle) ; le droit à la santé (l'organisation du système de soins de santé et d'assurance sociale pour la maladie, les accidents, la maternité et la convalescence, le contrôle de l'exercice des professions médicales et des activités paramédicales, ainsi que d'autres mesures visant à protéger la santé physique et mentale de la personne sont établies par loi) ; (iii) le droit à la vie.

À celles-ci s'ajoutent les lois par lesquelles autant d'États que possible ont élargi le champ de réglementation des pratiques et des thérapies complémentaires en couvrant et en déclarant des thérapies basées exclusivement sur l'énergie humaine et étroitement liées à l'âme. Nous savons que chaque thérapie alternative/complémentaire est applicable aux animaux, aux plantes, à tout ce qui nous entoure. La plupart des États ont adopté des mesures législatives pour s'assurer que les patients utilisent de manière appropriée et correcte la médecine complémentaire/alternative dans leurs systèmes de santé. La pratique de l'acupuncture, par exemple, a été réglementée dans presque tous les États ; en Roumanie, la Société roumaine d'acupuncture a été créée en 1937 (officiellement reconnue par le ministère de la Santé en 1959). Dans le rapport de l'Organisation mondiale de la santé, « [le] statut juridique de la médecine traditionnelle et complémentaire/alternative » en 2001, plus de 120 pays ont fait l'objet d'une enquête sur la prévalence de l'utilisation de cette pratique par la population et on a constaté que dans le monde, dans les pays en développement, 80 % de la population a recours aux soins de santé par le biais des médecines complémentaires/alternatives. Dans l'UE et aux États-Unis, il y a des variations selon le type de médecine alternative choisie, entre 9 et 65 %, la Grande-Bretagne avec 41 %, l'Allemagne avec 65 % ou les États-Unis avec 34 %.

Comme toute classification des sources d'un droit, les sources matérielles, les sources formelles, les sources documentaires et les sources réelles seront recherchées dans l'objet de cette recherche. Une fois établie, la théorie du droit de l'âme et des biochamps des formes de vie peut, sans entrave, construire le chemin dont elle a besoin pour sa destination depuis le point de départ – phénomène de droit, jusqu'à devenir un domaine de droit, avec des repères spécifiques : les principes, l'établissement des droits et des obligations corrélatifs, les institutions de protection et le mécanisme de règlement des différends.

Cette mission devrait être facile à réaliser du fait que la *sphère du droit est beaucoup plus étroite que la sphère de la morale* [...] *droit et morale ont le même centre mais n'ont pas la même circonférence.* [...] *Une infériorité du droit à la morale est incontestable*[101]. En outre, la mission de cette analyse pourrait être difficile par manque de preuves scientifiques médicales ou physiques, situation qui pourrait être sauvée par les sources qui émanent du droit coutumier, du droit naturel, du droit canon et du droit ecclésiastique. Il est certain que, d'un point de vue juridique, nous avons au moins une coutume[102]. Statistiquement parlant, il y a des États dans lesquels la grande

---

[101] Titulescu N., *Reflections*, Albatros, Bucarest, 1985, pp. 2, 8. Ici aussi, Titulescu a déclaré : « Je fais ce vœu à la loi : que toutes les obligations légales soient exécutées avec le scrupule avec lequel les obligations morales sont exécutées par ceux qui se sentent liés par elles » (*op. cit.*, p. 2).

[102] Roumain, CUTÚMĂ, *cutume* [nom féminin], droit commun – autorité de droit inscrite dans une longue pratique ; *cōnsuētūdō*, habitude. ♦ (Dans l'ancienne loi) L'habitude du pays. - Du français coutume. Source : DEX '09 (2009).

majorité pratique certaines confessions religieuses, comme les États à prédominance chrétienne, ce qui se traduit par la conviction des individus qu'ils ont une âme. Tout processus de codification représente, selon toutes les définitions existantes, une systématisation et une réunification dans un code de normes juridiques dans une certaine branche du droit.

Sans entrer dans l'étude des religions car ce n'est pas l'objet du droit, nous nous intéressons à la conscience, à la croyance des individus en l'existence de leur propre âme (mais aussi en l'existence d'une âme d'autres formes de vie) dont les propriétaires sont individuellement ici et maintenant, et la portée et le contenu des droits, de la liberté de pensée, de conscience et de religion sont garantis, notamment, par l'Article 9 de la Convention européenne des droits de l'homme (la responsabilité principale de l'application des garanties prévues par la Convention est détenue au niveau national) repris et appliqués en conséquence par la jurisprudence de la Cour européenne des droits de l'homme (« Cour de Strasbourg ») et de l'ancienne Commission européenne des droits de l'homme (« la Commission[103] »).

Comme le droit des âmes est dérivé du droit international des droits de l'homme, il emprunte de ses origines le caractère international à travers les sources, les principes et même l'objet. Ainsi, là où nous ne discutons que de la pratique généralement admise, intervient le droit coutumier international impliquant le principe de l'habitude. Avec les principes généraux du droit et des traités, l'habitude est considérée par la Cour internationale de Justice, par les spécialistes, par les Nations unies et par ses États membres comme l'une des principales sources du droit international.

---

[103] https://rm.coe.int/16806f14e6

Identifier les sources du droit

Sources matérielles

Le droit peut aussi apparaître comme un produit de la société car certaines règles sociales impératives peuvent émerger des habitudes d'une communauté, bien qu'à travers des sources matérielles, en général, on entende des autorités (l'entité, quelle qu'elle soit, capable de créer des règles de droit) légalement habilitées à créer le droit.

Rapport légal

Le droit de l'âme et des biochamps peut être configuré comme un ensemble de normes qui règlent les relations patrimoniales et non patrimoniales entre toutes les formes de vie, sur la base de leur égalité juridique face à de tels droits subjectifs. Comme mentionné *ab initio* : nous avons des lois régissant l'accès à la religion (sur les croyances basées sur l'âme/l'esprit) et des lois concernant l'organisation et le fonctionnement des activités et pratiques de médecines complémentaires/alternatives (thérapies basées sur l'énergie et les champs auriques), mais nous n'avons pas de système de droit bien déterminé et réglé de l'âme, des biochamps et des champs auriques.

Ainsi, l'objet de régulation de ce droit est représenté par les relations patrimoniales (l'âme, les biochamps et les champs auriques étant considérés comme la propriété de la forme de vie à laquelle ils appartiennent, d'un point de vue juridique, exclusivement et individuellement) et les relations personnelles spécifiques non patrimoniales. La délimitation de ce droit par rapport aux autres branches du droit est une question de principe et d'intérêt pratique, qui s'obtient selon certains critères.

D'autres sources qui contiennent, globalement, des dispositions sur la religion, les pratiques et les thérapies complémentaires ou directement sur l'âme et l'énergie, peuvent être réglementées par : des décrets, des décisions gouvernementales, des arrêtés et des instructions des ministres.

L'existence d'un certain nombre de lois qui régissent déjà le droit à la religion ou l'organisation et le fonctionnement des thérapies énergétiques en vertu desquelles un patient conclut un contrat pour être traité de cette manière et paie une certaine somme d'argent, dénote l'existence des relations de propriété, il s'agit des relations sociales qui ont un contenu économique qui peut être exprimé en argent, y compris les relations qui incluent des droits de créance dont la source peut être trouvée dans des actes et actions juridiques. Par exemple, le prestataire de thérapie alternative (choisissons un exemple parmi les domaines de pratique en médecine complémentaire/alternative selon la classification élaborée par l'Organisation mondiale de la santé tels que : traitements par lumière naturelle et artificielle, électroacupuncture et acupuncture, champs électromagnétiques, stimulation électrique et neuromagnétique, thérapie par champ magnétique, thérapie holographique, spectroscopie, Reiki, IRM, technique radiante, thérapie par champ biologique, biorythmologie, thérapie par cristal, chromothérapie, médecine traditionnelle chinoise – MTC, thérapie Su Jok, astrologie, Qigong, yoga, feng shui, etc.) a des raisons d'exiger du bénéficiaire (patient) le paiement du service fourni ; la personne lésée dans un droit patrimonial ou non patrimoniale a le droit de demander à l'auteur de l'acte illicite de réparer le dommage qui lui a été causé (si cela s'est produit).

D'autre part, les relations non patrimoniales (ou personnelles non patrimoniales) sont les rapports dont le contenu n'est pas exprimé en argent.

Par extrapolation du droit civil au droit des âmes et des champs énergétiques, les relations non patrimoniales, de nature morale/immatérielle, qui peuvent faire l'objet de régulation pour le droit de l'âme et des biochamps sont :

- Les relations dont le contenu consiste en des droits civils personnels qui permettent au titulaire de revendiquer le respect de son existence physique (matérielle) ou morale (immatérielle) : le droit à la vie, à la liberté, à la santé, le droit à l'âme et le droit à ses biochamps (avoir sa propre énergie).

- Les relations dont le contenu consiste en les droits qui individualisent les formes de vie dans leurs relations spécifiques, tels que (mais sans s'y limiter) : le droit à un nom, une dénomination ou un habitat naturel.

Les sujets ou les parties entre lesquels s'établissent les relations juridiques de droit de l'âme et des biochamps peuvent être n'importe quelle forme de vie. Contrairement aux conditions requises par d'autres branches du droit pour la qualité d'un sujet, pour être sujet du droit de l'âme, aucune qualité particulière n'est nécessaire ; il suffit d'être une forme de vie. La condition que les sujets de ce droit soient sur un pied d'égalité renvoie à l'égalité juridique de statut et de traitement juridique (spécifique aux caractéristiques d'un droit particulier) même si elles sont inégales en termes de motivation ou de capacité d'exercice et d'exprimer leur consentement. Étant donné que par définition, les sujets de droit sont les entités qui participent à la création des règles, ont la qualité de destinataires directs de ces règles, ainsi que la capacité d'assumer et d'exercer des droits et d'acquérir des obligations dans un certain ordre juridique, on peut dire que les formes de vie *non humaines* peuvent être considérées comme des destinataires directs des normes juridiques. Dès lors, toute recherche dans la théorie existante ne peut conduire à une assimilation à aucune autre notion de droit. Dans ce cas, la recherche doit conduire à la création d'un régime juridique spécial pour les autres formes de vie *non humaines*. Pour l'instant, ils ont le statut de destinataire des droits. Même s'il existe une fusion indéniable entre l'âme et les bio-champs, l'âme humaine dispose d'une spécificité remarquable qu'il serait passionnant de pouvoir traduire juridiquement et de distinguer du droit pour le vivant en général.

Ce droit pouvant apparaître comme une sous-branche du droit international des droits de l'homme, dans cette perspective, les deux ont des sources communes, même si les acteurs du droit de l'âme et des domaines énergétiques sont différents et plus nombreux. En ce qui concerne l'homme, les sources du droit international des droits de l'homme couvrent logiquement ce que l'homme possède aussi dans l'immatériel : son âme et ses champs énergétiques. Ce fait nous amène à noter la possibilité de réglementer le droit de l'âme par des amendements à la législation existante, en augmentant son efficacité et en créant des départements ou compartiments spéciaux au sein des institutions compétentes, expertes en droits de l'homme ou en droits naturels, institutions qui seront en mesure de traiter des droits de l'âme et des champs d'énergie des formes de vie. La mise en œuvre de sujets d'étude dans différentes institutions et formes d'enseignement, ayant cet objet, représenterait une étape particulièrement importante dans le développement de ce domaine et pourrait être beaucoup plus réussie que prévu.

Lorsqu'on aborde ce droit, on pense à sa place particulière dans le domaine du droit, donc à son statut particulier, en pleine création et évolution, qui ne peut plus être occulté.

En ce qui concerne la définition, on peut dire que les sources du droit de l'âme et des domaines énergétiques représentent avant tout des manifestations normatives de coopération institutionnelle entre États, consolidée sous le forum des organisations intergouvernementales compétentes en matière de domaine de la réglementation des droits et libertés fondamentaux de l'homme et dans le domaine des droits de la nature.

D'un point de vue architectural, ce droit bénéficie en effet – compte tenu de son origine et du fait qu'il s'inscrit dans le cadre du droit international humanitaire et des droits de la nature – d'un système de sources conventionnelles mais aussi coutumières, remontant encore plus loin aux sources traditionnelles de droit public international – le traité international et la coutume. Ainsi, inspirés par les droits de l'homme à étendre aux droits des formes de vie, mais aussi par les droits de la nature, nous suivrons les sources qui règlent l'étendue des droits de l'homme et des libertés fondamentales, l'obligation de protection des États, et les mécanismes internationaux appelés à surveiller comment les États s'acquittent de cette obligation, la perspective étant de développer ces mécanismes déjà existants en étendant leur compétence à toutes les formes de vie.

On peut préciser que les sources conventionnelles font référence aux pactes, conventions, protocoles, traités, accords ou autres instruments juridiques adoptés universellement ou régionalement et ratifiés par les États pour la protection des droits et libertés fondamentaux de l'homme. Comme le droit international, le droit international humanitaire a deux sources principales : les conventions internationales (traités) et le droit international coutumier. Le contenu des droits à la liberté de pensée, de conscience et de religion est intéressant, où l'on peut citer les sources suivantes, comme notées au fil du temps :

Sur les sources internationales de droit coutumier

Environ 161 règles du droit international humanitaire coutumier ont été recensées [104]. Les préoccupations internationales dans ce domaine se sont intensifiées. Les règles du droit international humanitaire sont contraignantes pour les États en vertu du traité ou du droit international coutumier. Un aspect reconnu est qu'elles peuvent également être appliquées à des acteurs non étatiques. Comme source de droit, nous mentionnons que le droit coutumier international consiste en la pratique des États, qu'ils acceptent comme impérative. Avec les traités et les coutumes, les décisions judiciaires et écrits des auteurs éminents sont des sources subsidiaires (moyens) pour déterminer le droit.

Parmi les traités (la catégorie comprend les traités universels, régionaux et autres), nous pouvons citer les Conventions de La Haye [105] (1899). L'Article 46 des Règles de La Haye de 1899 stipule que les croyances et la liberté religieuses doivent être respectées.

---

[104] Henckaerts J., Doswald-Beck L., Alvermann C., Dörmann K. & Rolle B. (2005), *Customary International Humanitarian Law*, Cambridge, Cambridge University Press, doi : 10.1017/CBO9780511804700.

[105] Convention de La Haye (II). Convention (II) concernant les lois et coutumes de la guerre sur terre, La Haye, 29 juillet 1899.
Règlement de La Haye (1899). Règlement concernant les lois et coutumes de la guerre sur terre, annexé à la Convention (II) concernant les lois et coutumes de la guerre sur terre, La Haye, 29 juillet 1899.
Convention de La Haye (III). Convention (III) pour l'adaptation à la guerre maritime des principes de la Convention de Genève du 22 août 1864, La Haye, 29 juillet 1899.
Déclaration de La Haye concernant les gaz asphyxiants, Déclaration de La Haye concernant les balles expansibles et Déclaration (IV, 3) concernant les balles expansibles, La Haye, 29 juillet 1899.

À titre d'exemple, les principales conventions internationales à caractère universel relatives aux droits de l'homme sont : la Convention pour la prévention et la répression du crime de génocide du 9 décembre 1948, la Convention relative au statut des réfugiés du 28 juillet 1951, la Convention relative aux droits politiques de la femme du 20 décembre 1952, Pacte international relatif aux droits civils et politiques du 16 décembre 1966, Pacte international relatif aux droits économiques, sociaux et culturels du 16 décembre 1966, Convention internationale sur l'élimination de toutes les formes de discrimination raciale du 21 décembre 1965, la Convention sur l'élimination et la répression du crime d'apartheid de 1973, la Convention contre la torture et autres peines ou traitements cruels, inhumains ou dégradants du 10 décembre 1984, la Convention relative aux droits de l'enfant du 20 novembre 1989 ou la Convention sur les peuples indigènes et tribaux de 1989.

La protection des droits et libertés fondamentaux continue d'être un sujet très débattu, souvent caractérisé comme un *domaine sensible*, fortement influencé par l'évolution progressive du droit international, les efforts et la volonté des États de coopération régionale, l'existence ou la non-existence des politiques appropriées et une connaissance des particularités régionales et locales.

Comme ces traités peuvent être regroupés selon leur objet de réglementation sur la protection de certaines catégories de personnes (femmes, enfants, réfugiés, minorités, personnes handicapées, personnes âgées) ou sur la protection d'une catégorie de droits (politiques, économiques, sociaux), ou par lequel un certain comportement est imposé aux États (discrimination, torture, traitement, peines cruelles, inhumaines, dégradantes, génocide, apartheid, expulsions collectives), de même, en suivant ces différenciations d'objet réglementaire, de nouveaux traités peuvent être conclus ou les anciens peuvent être mis à jour/complétés par la modification de ceux existants encore en vigueur, pour une bonne régulation du droit des âmes et des champs d'énergie pour toutes les formes de vie[106]. Ces sources sont particulièrement pertinentes pour refléter le degré auquel la sympathie humaine s'est étendue au fil du temps et ainsi les droits des femmes, des enfants, des personnes handicapées, etc., ont été reconnus.

Sources coutumières inspirées du droit international humanitaire

Ils revêtent une importance particulière pour le droit soumis à la théorie de ce livre car leur identification conduit à la matérialisation et au développement esquissé par une longue pratique (pratique juridique consciente), incontestée et ininterrompue et acceptée par les États comme obligatoire (*opinio juris*). De ce point de vue, rien n'empêche l'extension des principes et méthodes décrits à toutes les formes de vie, étant absurde de croire que, d'un point de vue spirituel ou énergétique, les autres formes de vie n'auraient pas la valence d'acquérir ces droits. La pratique de l'égalité et de la non-discrimination ou le principe d'appliquer des solutions identiques à des situations iden-

[106] Peuvent figurer indéfiniment : la Convention européenne de sauvegarde des droits de l'homme et des libertés fondamentales du 4 novembre 1950 ; Convention américaine relative aux droits de l'homme du 22 novembre 1969 ; la Charte africaine des droits de l'homme et des peuples de 1981 ; Convention européenne pour la prévention de la torture et des peines ou traitements inhumains ou dégradants du 26 novembre 1987 ; Convention européenne sur l'exercice des droits des enfants du 25 janvier 1996 ; Charte sociale européenne (révisée) du 5 mai 1996 ; Convention pour la protection des droits de l'homme et de la dignité humaine contre les applications de la biologie et de la médecine ou la Convention sur les droits de l'homme et la biomédecine du 4 avril 1997.

tiques, interdisant les abus, l'esclavage, le travail forcé, etc., peuvent servir cet objectif. À l'heure actuelle, comme on le dit souvent, le rôle de la coutume est insignifiant dans la régulation des relations internationales, mais il est particulièrement précieux lorsqu'un nouveau domaine du droit, une branche ou sous-branche du droit non codée, commence à émerger. Alors que le droit international lui-même commençait à se développer, je mentionne les écrits de précieux spécialistes qui ont attesté le rôle particulièrement important de la coutume en tant que source de droit international. Je veux dire Meitani[107], qui a montré que *tous les auteurs sont unanimes à le reconnaître, car les habitudes sont une source continue* de création du droit international. Fauchille estime que l'habitude est la source la plus importante du droit international[108].

L'habitude

Bien que cette loi comprenne aussi des principes de droit civil, ses sources ne pouvaient que comprendre le droit coutumier, l'habitude du lieu, l'habitude du pays, étant une sous-branche du droit international des droits de l'homme, naturellement étendu à toutes les formes de vie.

L'habitude est la source de ce droit chaque fois qu'il n'y a pas de réglementation par la loi, et sur la question en débat, l'existence d'une série de règles non écrites, établies par des usages généraux, reconnues et exécutées de façon constante et de longue date est sans équivoque. Nous constatons que la plupart des codes civils contien-

---

[107] Voir Meitani G. *Curs de drept internaţional public/Cours de droit international public*, Maison d'édition Al. T. Doicescu, 1930, pp. 13, 14.

[108] Voir Fauchille Paul, *Traité de droit international public*, A. Rousseau Paris Bookstore Publishing, 1922, p. 47 et suivante, apud en G. Meitani, *op. cit.*, p. 14.

nent des dispositions selon lesquelles les conventions obligent non seulement à ce qu'elles prévoient expressément, mais aussi à toutes les conséquences que l'équité, l'habitude ou la loi considèrent comme normales, selon la nature de l'obligation.

L'existence d'une coutume implique la conviction que cette répétition est absolument obligatoire (d'autres peuvent le revendiquer), qu'il y a une certaine durée et, par conséquent, qu'elle peut être interprétée comme l'expression d'une conviction juridique constante[109].

Lorsque nous parlions de la durée des croyances religieuses ou de la pratique de médecines complémentaires/alternatives, nous constations que des personnes qui vivaient dans la même société se comportaient pendant une certaine période, dans certaines conditions similaires, d'une certaine manière, et comme en conséquence, ces personnes ont commencé à être disposées à se conformer à la manière dont la majorité des membres de cette société se comportaient. Toutes ces conditions préalables réclament la sanction de la personne qui se comporte contrairement aux autres membres de la communauté, de sorte que la volonté collective est devenue une obligation.

La coutume transforme les normes morales en normes de droit, si une norme supérieure d'une autorité établit qu'une certaine habitude qualifiée représente un état de choses qui produit le droit.

Avant d'être figée, la coutume est adaptable à la réalité sociale. Par la suite, son évolution est directement proportionnelle à la durée et aux conditions générales qui ont conduit à sa mise en place.

Les coutumes ont joué un rôle particulièrement important en tant que source de droit, depuis le droit antique et

---

[109] Del Vecchio Giorgio, *Lecții de filosofie juridică/Leçons de philosophie juridique*, Maison d'édition Europa Nova, p. 226-228.

féodal, et au fil du temps, il a joué un rôle d'interprétation du droit, d'appui à la jurisprudence, et il peut même conduire à l'abrogation implicite des lois, tombant en désuétude (la loi n'était plus appliquée, par consensus général).

Par exemple dans l'étude de l'histoire du droit roumain, on note l'existence de la coutume comme source du droit gète-dacien, maintenu dans certaines limites même après la conquête romaine. Au Moyen Âge, le droit coutumier était connu sous le nom de *jus valachicum* ou *jus valachorum.* Avec la formation des États féodaux roumains, ces normes coutumières constituaient ce qu'on appelait l'habitude de la terre ou la loi. Plus tard, l'habitude du pays fut l'une des sources d'inspiration de divers codes, tels que *Pravilniceasca Condică* en 1780 en Valachie, au temps d'Alexandru Ipsilanti, Calimach Code en 1817 en Moldavie et Caragea Code en 1818 en Valachie[110].

En droit international, la coutume doit être constamment et unanimement utilisée par les États dans une situation à laquelle s'applique la règle qu'il prescrit, et psychologiquement, pour être reconnue par les différents États comme une norme impérative – *opinio juris* ou *opinio necessitatis*[111], suivie de sa reconnaissance tacite ou expresse, par voie conventionnelle, si les rapports dans lesquels aucune règle conventionnelle n'a été énoncée ne sont pas codifiés[112], processus qui équivaut à une victoire de la société[113].

---

[110] Boar Ana, *Elemente de Teoria Dreptului/Éléments de la théorie du droit*, 1996, p. 139.

[111] Rousseau Ch., *Droit international public*, Paris, Dalloz, 1965, p. 77-83.

[112] Niciu Marţian, *Drept internaţional public/Droit international public*, Maison d'édition Servosat, 1997, p. 18-19.

[113] David René, *Les Grands Systèmes de droit contemporains. Droit comparé*, Paris, Dalloz, 1966, p. 50-52.

Error comunis facit ius ou opinion commune

Les statistiques montrent qu'à l'échelle internationale, les individus qui embrassent une forme de religion (par la croyance intime que l'âme existe, cherchant la protéger éternellement par la confession) font partie de la grande majorité. Il en va de même pour ceux qui pratiquent des thérapies liées à l'utilisation des biochamps des formes de vie, ce qui montre qu'une partie du même pourcentage croit en l'existence des deux parties invisibles. Même si ces croyances étaient fausses, jusqu'à ce que l'erreur soit prouvée[114], on peut considérer que l'apparition dans la loi, suffisante pour la naissance et le développement de la loi des âmes et des champs énergétiques, est installée, si l'on considère qu'aussi bien l'âme que les biochamps et les champs auriques sont la propriété exclusive de la forme de vie dont il émane.

Le syntagme vient de la Rome antique et exprime l'idée qu'une opinion ou une croyance généralement acceptée sur une certaine question juridique, transforme ces opinions ou croyances en loi. Bien qu'elle ne soit pas acceptée dans tous les systèmes de droit, la jurisprudence a montré que l'opinion universelle peut aussi être une erreur universelle mais que, jusqu'à ce que cette erreur commune soit découverte, elle continue d'agir comme loi.

Bien que régie par le droit civil de nombreux États, avec une application orientée vers les droits civils, l'apparence en droit reste une source particulière de droits

---

[114] Voir *Le Digeste* de Justinien, le premier livre, traduit par Sâmbrian T., Maison d'édition Universitaria, Craiova, 2002, où Ulpian expose le cas de l'esclave Barbarius Philippus. Ce dernier a réussi à déguiser son statut, exerçant la fonction de préteur. Une fois son incapacité découverte, la stricte application de la loi aurait dû conduire à l'annulation de tous les actes qu'il a accomplis. Cependant, il a été décidé de maintenir la validité de ces actes.

et d'obligations qui donne lieu à des droits subjectifs[115], et se caractérise par deux éléments essentiels : un élément matériel (l'exercice effectif des prérogatives découlant de ce droit par le titulaire apparent du droit. Les sources de la comparution peuvent être une mesure de publicité, un acte) et psychologique (foi erronée de tiers de bonne foi à condition qu'elle ne puisse leur être imputée).

Le fait que l'appréciation de l'erreur se fera *in abstracto* (dans une telle situation, toute personne prudente et diligente aurait eu tort, étant une erreur invincible) nous amène à repenser les marges de son applicabilité qui p-euvent être beaucoup plus étendues que ce qui a déjà été réglementé.

Dès lors, la spécificité du domaine recherché ne permet pas d'ignorer d'autres sources qui peuvent apparaître non contraignantes du point de vue du droit international public, leur valeur et le rôle joué dans la régulation étant importants, comme le préconise la jurisprudence, les actes des organisations internationales, la législation nationale et principes sectoriels. En même temps, la doctrine des anciens et des nouveaux auteurs qui, par des comparaisons entre différentes législations, mettent en évidence les principes sur lesquels se fonde cette branche du droit et établissent les règles selon lesquelles les conflits de lois doivent être résolus[116].

Sources jurisprudentielles

Ce sont les solutions judiciaires obtenues après l'application d'un instrument juridique à des cas concrets par l'acte de compétence d'un tribunal international dans

---

[115] Ernotte M., « L'application de la théorie du mandat apparent en matière de représentation des sociétés », *J.D.S.C.*, 2008, p. 131-133.
[116] Meitani G., *op. cit.*, p. 14.

le cas du droit international, et national, dans le cas du droit national, même si les décisions rendues ne lient que les parties. Comme mentionné, l'efficacité de ces sources est cruciale, en particulier lors de l'identification d'une éventuelle nouvelle branche du droit car elle définit et interprète l'ensemble des droits et libertés consacrés dans les sources juridiques. Du point de vue des droits de l'homme, les sources jurisprudentielles sont données par la pratique judiciaire des juridictions spécialisées (par exemple la Cour européenne des droits de l'homme à Strasbourg) et par celle des juridictions internationales à compétence générale (Cour internationale de justice de La Haye). Un potentiel particulier est attribué, dans le domaine des droits naturels, cette fois, au Tribunal international des droits de la nature. Il s'agit d'une juridiction *de facto* qui cherche à connaître et à juger les situations de violation des droits homonymes prévus dans la Déclaration universelle des droits de la Terre Mère (DUDTM) et découlant de la jurisprudence de la Terre. « Pour faciliter leurs efforts, l'Alliance mondiale pour les droits de la nature [AMDN] a créé une nouvelle institution de gouvernance internationale : le Tribunal international des droits de la nature. [...] L'idée a été inspirée par le Tribunal international des crimes de guerre et le Tribunal permanent des peuples, créé par les citoyens pour enquêter et rendre publiques les violations des droits humains. Tout comme ces tribunaux ont exercé une pression sociale pour créer et renforcer le droit international des droits humains, le Tribunal international devrait promouvoir le droit international sur les droits naturels », ont déclaré Craig Kauffman[117] et Pamela Martin[118]. La pratique judiciaire

[117] Craig M. Kauffman – professeur à l'Université de l'Oregon – concentre ses recherches sur la gouvernance environnementale mondiale et, en particulier, sur la manière dont différents types d'acteurs interagissent aux niveaux mondial et national. Dans ses

qui découlera de l'activité de ce tribunal contribuera notamment à l'évolution du droit des âmes et des bio-champs des formes de vie, la création de sections spécialisées en ces matières étant possible, compte tenu de la compétence de ce tribunal : enquête et procès des violations de la DUDTM ; développe la jurisprudence de la Terre ; promeut le respect des droits et des obligations de la DUDTM. Par son activité, le Tribunal examine les affaires qui lui sont soumises par les plaignants invités à témoigner publiquement sur les dommages subis par les écosystèmes dans lesquels ils opèrent. L'Article 2 de la Convention populaire pour l'établissement du Tribunal général (CPETG) définit sa compétence. Dans cette perspective, à travers ses décisions, le Tribunal fait un travail constructif : il explique l'essence des violations alléguées et propose des recommandations pour leur réparation, leur atténuation, leur restauration, ainsi que pour la prévention de dommages futurs.

Actes unilatéraux des organisations internationales

Les sources sont très variées, suivant les spécificités du secteur dans lequel opère l'organisme émetteur, ce sont des sources quasi légales (parfois exclusivement politiques ou elles sont l'expression de la politique de l'organisme), étant des actes de *droit souple*, des recommandations, promues par les États mais qui, sous-tendant l'exposé des motifs des traités adoptés, peuvent devenir obligatoires dès

---

études, il analyse des expériences innovantes en matière de développement durable, de législation environnementale (par exemple les raisons pour lesquelles les normes mondiales changent).

[118] En 2015, Pamela L. Martin est devenue la 19e récipiendaire du prix HTC Distinguished Teacher – Scholar Lecturer. Ses recherches et ses écrits portent sur la politique environnementale mondiale, l'énergie, le développement durable et les relations et politiques internationales.

l'adoption de ces traités. Par conséquent, ils suivent la référence au droit de réglementer (par exemple : autonomie réglementaire, espace politique, flexibilité pour introduire de nouvelles réglementations). Telles sont les résolutions, déclarations et recommandations des organes des Nations unies, de l'Unesco [119] ou le Conseil de l'Europe. Les actes de l'Assemblée générale des Nations unies peuvent être énumérés indéfiniment : Déclaration sur l'élimination de toutes les formes d'intolérance et de discrimination fondées sur la religion ou la conviction du 25 novembre 1981 ; Déclaration sur la protection des femmes et des enfants en période d'urgence ou de conflit armé du 14 décembre 1974 ; Déclaration sur la race et les préjugés raciaux du 27 novembre 1978 ; Déclaration des droits des personnes appartenant à des minorités nationales ou ethniques, religieuses ou linguistiques du 18 décembre 1992 ; Déclaration sur l'élimination de la violence à l'égard des femmes du 20 décembre 1993 ; Déclaration du Millénaire du 8 septembre 2000 ou Déclaration sur les droits des peuples autochtones du 13 septembre 2007.

Dans le domaine des biochamps énergétiques, un rôle important est joué par les documents publiés par l'Organisation mondiale de la santé (ci-après – OMS). Ici, le système médical allopathique est dit *dominant*. La stratégie de l'OMS pour la médecine traditionnelle 2014-2023 a été élaborée et lancée en réponse à la résolution de l'Assemblée mondiale de la santé sur la médecine traditionnelle (WHA62.13). Cette stratégie, qui expire en 2023, vise à accompagner les États membres (194 États membres) dans l'élaboration de politiques volontaristes et

[119] Telle la Déclaration universelle des droits des animaux, solennellement proclamée à la Maison de l'Unesco à Paris le 15 octobre 1978.

la mise en œuvre de plans d'action qui renforceront le rôle de la médecine traditionnelle dans la prise en charge de la santé des populations. Ses objectifs stratégiques comprennent : la constitution d'une base d'informations pour la gestion active de la T&CM par le biais de politiques nationales appropriées ; renforcer l'assurance qualité, la sécurité, l'utilisation correcte et l'efficacité de la T&CM en réglementant les produits, les pratiques et les praticiens ; et, dernier point, mais pas le moindre, la promotion de la garantie sanitaire universelle en intégrant les services de T&CM dans les prestations de services de santé ci-inclus personnels[120].

On peut dire que le droit de l'âme et des biochamps des formes de vie se compose des normes du droit international général, des normes générales du droit international humanitaire et du droit de la nature, ainsi que des normes distinctes spécifiques à son domaine. En raison de la relation entre le droit international et le droit interne, par laquelle de plus en plus d'États ont adopté la théorie selon laquelle les traités font partie du droit interne, les constitutions des États ont repris les principes fondamentaux à la fois en termes de droits de l'homme et, dans une plus large mesure, les droits des animaux ou les droits de la nature.

La législation nationale

La relation entre droit international et droit interne peut être explorée à la lumière des approches théoriques du monisme et du dualisme, qui trouvent leur origine dans les conceptions de la nature des deux ordres juridiques. La théorie du monisme suppose que ce système de droit a un

[120] Voir Rapport sur les progrès (2019) en médecine traditionnelle (résolution WHA67.18 [2014]) – Document principal de la 72e session de l'Assemblée mondiale de la santé.

caractère unique, étant composé du droit international et du droit interne.

Du point de vue des fondements théoriques, Lauterpracht et Oppenheim rapportent le monisme au souci général du droit au profit des individus : l'ordre juridique international a pour point fondamental « le sens de la morale et de la justice fondé sur les droits de l'homme et le bien-être des individus[121] ». Oppenheim a soutenu que l'origine du droit international et du droit national est commune, à partir du concept de justice et de l'état de droit[122].

Pour Kant, le droit est un ensemble de règles qui prescrivent des lignes directrices de conduite à suivre, une théorie également défendue par Kelsen comme partant de la notion fondamentale de norme de base (qui peut être le principe de souveraineté ou la règle selon laquelle les États doivent se comporter comme ils le font normalement) qui sous-tend le droit international, et indirectement, c'est aussi le pilier du droit national[123]. De cette norme fondamentale découle également le principe d'effectivité, principe qui sous-tend le droit des organes révolutionnaires d'un État à être créateurs de droit[124].

En plus de ce monisme avec la primauté du droit international – selon lequel le droit international fait partie du droit interne *per se*, sans qu'il soit nécessaire de l'incorporer dans le droit interne car il s'agit d'un ordre juridique supérieur qui a priorité en cas de conflit avec les

---

[121] Lauterpacht H., *International Human Right*, Oxford, 1950, p. 29.
[122] Oppenheim L., *International Law: A Treatise*, Longman, Londres, 1967, p. 47.
[123] Kelsen H., *General Theory of Law and State*, Londres, 1945, p. 363.
[124] *Ibidem*.

règles internes[125] –, il y avait aussi une théorie du monisme avec la primauté du droit interne (École de Bonn) fondée sur la souveraineté de l'État et la doctrine de l'autolimitation de l'État[126], théories qui peuvent être complétées dans le cas du droit de l'âme et des champs énergétiques.

Dans la doctrine dualiste, le système de droit international est séparé du système de droit interne, sans s'influencer l'un l'autre, l'un des deux systèmes juridiques n'ayant aucune possibilité de soustraire de l'application une règle de l'autre[127]. Alors que les différences résident dans les sources, il y a un ensemble de relations réglementées et la substance soumise à réglementation, en particulier, la règle de droit international a été rédigée pour être appliquée aux États et elle doit être adaptée pour être applicable aux sujets de droit interne, les personnes physiques et morales[128].

Comme pour les mécanismes internationaux de protection des droits de l'homme, la tâche première de protéger les personnes placées sous leur juridiction incombe à l'État, qui doit assurer le bon fonctionnement de ses autorités, en mettant en œuvre une législation efficace par l'application des normes internationales de protection et les meilleures pratiques dans la région, les mécanismes internationaux peuvent fonctionner pour protéger toutes les formes de vie, y compris leurs âmes et leurs biochamps

---

[125] Kelsen H., *Principles of International Law*, 2e éd., Londres, 1966, pp. 557-559.

[126] Kaufmann E., *Volkerrecht und Landesrecht*, 1897, p. 69 et M. Wenzel, Juristische Grunbegriffe, Berlin, 1920, p. 20.

[127] Voir I. Gâlea, *Analiza critică a normelor Constituției României referitoare la relația dintre dreptul internațional și dreptul intern/Analyse critique des normes de la Constitution roumaine concernant la relation entre le droit international et le droit interne*, Annales de l'Université de Bucarest, 2009, p. 22.

[128] Anzilotti D., Cours de droit international, Sirey, Paris, 1925, p. 63.

(ce qui est réalisable grâce à une législation nationale efficace et à la mise en œuvre des meilleures pratiques dans la région). Ces objectifs peuvent être atteints de deux manières : i) par le rôle des États de sortir de la compétence *ratione personae* dans le processus d'élaboration législative, sur la base des dispositions des traités relatifs aux droits de l'homme auxquels un État particulier est partie, mais aussi par les développements les plus récents dans un domaine particulier (comme le droit de la nature) ; ii) les dispositions législatives nationales peuvent constituer un processus de codification internationale qui aurait pour fonction d'uniformiser les droits nationaux des États[129], processus souvent rencontré notamment dans le domaine des droits de l'homme mais aussi dans le cas du droit de la nature (voir la proposition bolivienne pour les droits de la nature, matérialisée internationalement par la Déclaration universelle des droits de la Terre Mère, adoptée en 2010 à la Conférence mondiale sur le changement climatique et les droits de la Terre).

Sources du droit de la nature et du droit des animaux

Dans le cas de formes de vie que l'homme ne comprend pas dans le langage, la pensée ou toute autre forme de manifestation, le principe d'évolution spirituelle différente peut être pris en compte – ce qui ne nous donne pas le droit de dire qu'elles n'existent pas mais seulement qu'ils ne nous sont pas connus –, l'existence de l'âme et des champs d'énergie étant au moins légalement présumée

[129] C'était le cas des pratiques domestiques de non-discrimination en raison de l'orientation sexuelle, qui dans certains États ont même conduit à la légalisation des mariages homosexuels, conduisant à la codification de la clause générale de non-discrimination.

tout comme une hypothèse qui ne peut être renversée jusqu'à preuve du contraire, bien étayée et incontestée scientifiquement ou légalement. Jusque-là, nous sommes tous en communion, dans une grande famille dans laquelle chacun a sa dignité, sa valeur et ses droits propres. Personne ne connaît la vérité absolue, mais peut-être sa recherche même est en fait une partie prévisible de la destination. Il est impossible de ne pas accepter l'existence de « rangs » d'âmes, comme il est impensable, aussi bien, comme le remarquait Martin-Lagardette, de ne pas accepter une alternative entre un « humanisme » prométhéen, qui ne voit dans le monde naturel qu'une étendue de matériaux à exploiter et n'est plus capable d'exprimer de la sympathie ni même de la compréhension pour la vie simple (nue) et un « naturalisme » qui refuse de distinguer les hiérarchies, les rangs de l'âme vivante et devient aveuglé par l'humanité même de l'homme[130] ?

Concernant l'âme des formes de vie, on remarque qu'au fil du temps, la question n'a pas été niée par les religions. On peut se rendre compte qu'ils sont une source réelle qui leur attribue presque les mêmes droits, bien qu'ils soient construits autour de l'homme. « S'adressant à ceux qui ne croient pas à la résurrection des morts, Théophile d'Antioche[131] apporte comme arguments les signes (*tehmeria*) que Dieu avait mis à leur portée dans les grands rythmes cosmiques – les saisons, les jours et les nuits : *N'y a-t-il pas aussi une résurrection pour les graines et les*

[130] Martin-Lagardette Jean-Luc, *Les Droits de l'âme. Pour une reconnaissance politique de la transcendance*, L'Harmattan, France, 2008, p. 67, inspiré par Laura Bossi, *Histoire naturelle de l'âme*, Presses universitaires de France ; 1re édition (24 octobre 2003).

[131] Il fut théologien, écrivain prolifique, évêque d'Antioche au IIe siècle.

fruits[132] *?* ». Peut-être que oui, j'ose ajouter. Peut-être la *résurrection* est pour tout ce qui est vie. Et peut-être la justice est similaire. Jusqu'à présent, le fait qu'il n'y ait pas de droits développés pour les animaux est resté inexplicable pour les grands spécialistes. Je parle de John Rawls lui-même. Cet auteur, dans *A Theory of Justice/Une théorie de la justice*[133], a souligné que « la deuxième

---

[132] Voir Eliade Mircea, *Sacrul și Profanul/Le Sacré et le Profane*, Humanitas, p. 104. Ce livre a été publié pour la première fois en Rowohlts Deutsche Enzyklopadie, coordonné par Grassi Emesto sous le titre *Das Heilige und das Profane* en 1957, publié par Humanitas en 2000 ; pour la présente version roumaine, la traduction a été faite après la version française *Le Sacré et le Profane* publié par Éditions Gallimard en 1965.

[133] Opinions enregistrées par John Rawls, in *A Theory of Justice*, Cambridge, Massachusetts : Belknap Press of Harvard University Press, 1971, document basé sur l'expérimentation mentale du voile de l'ignorance. « Maintenant, je me dirige vers la base de l'égalité, les traits des êtres humains en vertu desquels ils doivent être traités conformément aux principes de justice. Notre comportement envers les animaux n'est pas régi par ces principes, du moins on le croit généralement. Alors, comment distinguons-nous les humains des autres êtres vivants et considérons-nous les contraintes de la justice comme étant uniquement dans nos relations avec les êtres humains ? Nous devons examiner ce qui détermine le champ d'application des concepts de justice. Pour clarifier notre question, nous pouvons distinguer trois niveaux dans lesquels le concept d'égalité s'applique. Il s'agit de l'administration des institutions en tant que systèmes publics de règles. Dans ce cas, l'égalité est essentiellement la justice en tant que régularité. Il s'agit de l'application impartiale et l'interprétation cohérente des règles conformément à des préceptes pour traiter des cas similaires d'une manière similaire (défini par la loi et les précédents) et d'autres. L'égalité à ce niveau est l'élément le moins controversé dans l'idée de bon sens de la justice [...]. » Bien que sa théorie inclue comme pilier l'être humain, même dans un travail de ce genre, la situation juridique des animaux n'est pas minimisée ou ignorée, mais est présentée comme une graine, n'étant mentionnée que comme une possibilité non exclue, parce que ces extraits de *A Theory of Justice* fournissent un bref compte rendu du

application de l'égalité, beaucoup plus difficile, est la structure substantielle des institutions. Ici, le sens de l'égalité est spécifié par les principes de justice qui exigent que des droits fondamentaux égaux soient attribués à toutes les personnes. *Ceci exclut probablement les animaux ; ils ont une certaine protection, mais leur statut n'est pas celui d'êtres humains. Cela reste cependant inexplicable.* Nous n'avons pas encore à penser au genre d'êtres qui assurent les garanties de justice [...] », a conclu Rawls, partageant l'idée d'autres « êtres auxquels les garanties de justice pourraient être dues », sans exclure la possibilité.

L'idée est qu'à un coup d'œil aux sciences qui se sont occupées de l'étude de la vie, de la société, de la philosophie ou de la théologie, il s'ensuit que « quelque chose » n'est pas complet ou coordonné, il n'est pas assemblé et est resté non réglementé.

Les religions des époques sont basées sur la connexion entre le ciel, la terre et l'être. M. Eliade montre dans le livre *Le Sacré et le Profane* que « [la] Terre apparaît comme une source de vie guérissante. La mère humaine n'est qu'une représentante de la Grande Mère Teluri, et cette expérience fondamentale a donné lieu à d'innombrables habitudes, dont on peut citer tout d'abord la naissance sur terre (*humi positio*), un rituel rencontré un peu partout dans le monde, de l'Australie à la Chine, de l'Afrique à l'Amérique du Sud. L'habitude avait disparu dans l'histoire chez les Grecs et les Romains, mais il ne fait aucun doute qu'il existait autrefois dans un passé lointain : certaines statues des déesses de la naissance (Eileithya, Damia, Auxeia) les représentent à genoux, dans la

---

projet de Rawls pour utiliser la théorie du contrat social pour générer des principes de justice pour l'attribution des droits et obligations fondamentaux et pour la détermination du partage des avantages sociaux dans une société.

position de la femme accouchant sur terre ». Le lien entre la nature et l'archéologie a été et reste une excellente source pour le droit de la nature et le lien entre l'archéologie et le règne animal peut être une source importante pour le droit des animaux, qui, à son tour, contient des sources pour le droit de l'âme et des biochamps de toutes les formes de vie. Depuis que j'ai mentionné que le temps est venu de reconnaître le droit des animaux, je considère particulièrement importante l'aide que l'archéologie peut apporter à travers le lien spirituel que l'homme a toujours eu avec les animaux, souvent représentés dans les effigies découvertes comme ayant une hauteur identique à celle de l'homme mais aussi dans une posture similaire, bipède, pas quadrupède. Si ce respect des animaux a toujours été si important, il reste une question liée au droit des animaux : pourquoi si tard, si les animaux ont des noms ?

Cătălin Pavel, dans *Animalele care ne fac oameni/Des animaux qui font de nous des humains*, a développé une recherche intéressante dans laquelle il révèle les croyances de l'humanité découvertes grâce à l'archéologie : l'ours est un homme sauvage (notant aussi l'*incroyable ressemblance* entre le squelette d'une patte d'ours et celui d'une main humaine) ou des humains enterrés avec un animal (le plus ancien datant d'au moins 15 000 ans). L'auteur nous dit que même dans l'Antiquité les animaux n'étaient pas anonymes et affirme qu'il s'agit d'animaux réels, non mythologiques, ce qui *ne laisse aucun doute sur le fait que même dans le monde antique les animaux avaient une individualité reconnue*. Même dans l'Égypte ancienne, les chats avaient des noms (par exemple Talmiut) et étaient enterrés comme des humains, sur les inscriptions de certains sarcophages le chat est identifié à Osiris, *tout comme les humains, et dans un autre monde il deviendrait, comme on pensait que les humains le deviendraient après la mort, une étoile immortelle*[134]. Les exemples peuvent continuer. Parlant de son livre, C. Pavel conclut en soulignant que « le but ultime de cette enquête archéozoologique est de démontrer que les animaux constituent le premier et le plus important alphabet symbolique externe utilisé par l'homme préhistorique et ancien. Son amour pour les chiens, les chats et les chevaux est discuté en détail, mais en aucun cas exclusivement, car, avec eux, la plupart des animaux sauvages ont été un catalyseur pour le développement cognitif, émotionnel et social de l'*homo sapiens*. Les portraits archéologiques de ces créatures du passé sont synthétisés à partir des découvertes des milliers d'excavations, des représentations de dauphins et d'ours en ambre, marbre ou terre cuite aux ailes de geais et aux mâchoires de hérissons placées dans les tombes des anciens, de la couveuse d'œufs de crocodile de l'Égypte ancienne au lion et aux os de chameau retrouvés en Roumanie, de la mosaïque contenant le seul nom de chat qui reste de l'Antiquité romaine au cimetière canin d'Ashkelon. Et parce qu'il n'y a, en fait, aucune rupture culture-nature entre l'homme et la faune, ces portraits, même tangibles, représentent les animaux non pas comme une ressource physique, mais comme une ressource spirituelle ».

Le fait que la vie cosmique, dans son ensemble, puisse encore être ressentie comme un mystère de la divinité, est avoué, par exemple, par un écrivain chrétien, Léon Bloy, qui écrit, entre autres, « [que] la vie qui se trouve chez les humains, les animaux ou des plantes, c'est toute la Vie, et le moment venu, à ce point invisible qu'on appelle la *mort*,

---

[134] Voir Pavel C., *Animalele care ne fac oameni: Blană, cozi şi pene în arheologie/Les animaux qui font de nous des humains : fourrure, queues et plumes en archéologie*, Humanitas, 2021, pp. 19, 22, 95, 140.

Jésus se détache aussi bien de l'arbre que d'un être humain[135] ».

Le lien entre l'homme et la nature offert par la terre a été élevé au rang maternel. Et dans les textes démotiques égyptiens, le syntagme « s'asseoir par terre » signifiait « accoucher » ou « naissance[136] ». Dans les termes religieux de cette habitude, la conception et la naissance *sont les versions microcosmiques d'un acte exemplaire accompli par la Terre ; la mère humaine ne fait qu'imiter et répéter cet acte primordial de l'avènement de la Vie dans le sein de la Terre. Par conséquent, elle doit être en contact direct avec la Grande Génitrix, qui la guidera dans l'accomplissement du mystère de la naissance d'une vie, pour lui donner des pouvoirs bienfaisants et une protection maternelle. Dans la Chine ancienne, « le mourant, comme le nouveau-né, sont couchés à terre... Pour la naissance ou la mort, pour entrer dans la famille vivante ou la famille ancestrale (et pour quitter l'une et l'autre), il y a un seuil commun, la Patrie [...]. Le rite de la pose sur Terre implique l'idée d'une identité substantielle entre Race et Poussière. Cette idée fait naître le sentiment d'autochtonie, le plus fort de tous que l'on puisse voir au début de l'histoire chinoise, l'idée d'un lien étroit entre un pays et ses habitants est une foi si profondément enracinée qu'elle a été préservée dans les institutions religieuses et de droit public[137] ».*

---

[135] *Le Mendiant ingrat, Journal II (1907-1917)*, Laffont Robert, coll. « Bouquins », p. 196. Voir à ce sujet, *Traité d'histoire des religions*, pp. 117-141 (trad. rom. cit. Noica, Mariana, 1992, pp. 127-154 – *n. t.*), apud Eliade M., *op. cit.*, p. 121.

[136] Cf. références de *Mythes, rêves et mystères*, pp. 221 et ff. apud Eliade M., *op. cit.*, p. 108.

[137] Granet Marcel, Le dépôt de l'enfant sur le sol, in *Revue Archéologique*, 1922 ; *Études sociologiques sur la Chine*, Paris, 1953, pp. 159-202, pp. 192 et ff, 197 et ff, apud Eliade Mircea, *op. cit.*, p. 109.

Constatant les habitudes des chasseurs nomades et des agriculteurs traditionnels, M. Eliade a observé une similitude de comportement qu'il jugeait bien plus importante que les différences. Il a découvert que les deux vivent dans un Cosmos sanctifié, font partie d'un caractère sacré cosmique, manifesté à la fois dans le monde animal et dans le monde végétal[138].

Il s'avère que les participants à ces types de relations juridiques sont également particuliers et infinis. Eliade considérait également la cosmogonie comme synonyme de création du temps, étant « l'archétype de toute *création*, [...] le temps cosmique des durées de vie propres aux différentes catégories d'êtres qui existent dans le monde. [...] Toute création est donc imaginée comme se déroulant au début des temps, par principe[139] ». « Chaque mythe montre comment une réalité est née, que ce soit la réalité totale, le Cosmos, ou une partie de celui-ci – une île, une espèce végétale, une institution humaine[140] ».

Revenant aux sources que l'on peut identifier dans le droit de la nature et des animaux, nous pouvons ici exemplifier : les conventions sur les droits de l'homme, les droits des animaux, de la faune et de la flore. À cet égard, il convient de noter qu'il existe une relation difficile entre les domaines du droit des animaux et du droit de l'environnement, même si l'on aurait pu s'attendre à ce que jusqu'à présent le statut supérieur du droit de l'environnement sur le droit inférieur des animaux et les droits de la nature, conduise à une meilleure réglementation. Ce n'est qu'à un niveau élémentaire, à un point zéro, si l'on peut dire, que ces deux branches du droit sont entremêlées par le constat fondamental que les animaux et

---

[138] Eliade M., *op. cit.*, p. 17.
[139] Eliade M., *op. cit.*, p. 60.
[140] Eliade M., *op. cit.*, p. 75.

les humains existent dans l'environnement. La législation environnementale s'applique généralement aux espèces animales (et spécifiquement aux espèces en voie de disparition ou menacées), tandis que la législation animale s'applique à tous les animaux, quelles que soient leurs caractéristiques spécifiques[141].

Contrairement au droit de l'environnement, les droits des animaux (appelés dans la littérature animaux individuels non humains) apparaissent plutôt comme un phénomène juridique, étant très récent. Seules quelques Constitutions contiennent des dispositions sur les droits des animaux : Suisse, Inde, Brésil, Slovénie, Autriche, Allemagne, Luxembourg, Égypte et Russie [142]. La Constitution roumaine n'en fait pas partie.

Même si le droit de l'environnement n'est pas exhaustif et ne fournit pas une réglementation suffisante, il n'en reste pas moins une source pour les droits de la nature et pour la protection des animaux et, implicitement, leurs droits.

Kristen Stilt souligne que *les droits de la Nature* sont enracinés dans deux sources. Premièrement, ces droits ont émergé d'une reconnaissance récente que la législation environnementale actuelle, y compris le droit humain à un environnement sain, n'a pas réussi à faire face à la crise écologique mondiale et en particulier aux changements climatiques. Deuxièmement, les traditions et la jurispru-

---

[141] Voir Stilt Kristen, Animal Law. Rights of Nature. Rights of Animals.Commentary, in *Harvard Law Review*, mai, 2021, 134 Harv. L. Rev. F. 276, pp. 276-286, disponible à https://harvardlawreview.org/wp-content/uploads/2021/03/134-Harv.-L.-Rev.-F.-276.pdf, consulté le 23.08.2021.

[142] Eisen Jessica & Stilt Kristen, *Protection and Status of Animals*, in *Max Planck Encyclopedia of Comparative Constitutional Law*, (Rainer Grote, Frauke Lachenmann & Rüdiger Wolfrum eds., 2016), Oxford Constitutional Law (article mis à jour en décembre 2016).

dence autochtones qui ont toujours traité les gens comme faisant partie de la nature, plutôt que distincts de celle-ci, ont longtemps fourni un cadre et une approche du droit de la nature, le fondement du développement d'un concept plus fort du droit de la nature, qui a établi un lien synergique avec des procédures indigènes concernant la nature.

K. Stilt note également dans son étude que les approches égocentriques ou biocentriques qui constituent un droit dans la nature ou ses composants peuvent également être de bon augure pour le développement des droits des animaux légalement reconnus. Le droit de la nature n'est pas répandu, mais il a un potentiel de croissance et d'impact. Au niveau constitutionnel, Ecuador a été le premier à reconnaître le droit de la nature. L'Article 71 commence : « La nature, ou Pacha Mama, où la vie se reproduit et a lieu, a droit au plein respect de son existence et de la subsistance et de la régénération de ses cycles de vie, de sa structure, de ses fonctions et de ses processus évolutifs[143] ». La Bolivie a adopté cette approche à travers la Loi sur les droits de la Terre Mère[144] (2010) ; les droits énumérés sont les droits à la vie, à la diversité de la vie, à l'eau, à l'air pur, à l'équilibre, à la restauration et à une vie sans pollution.

L'étude citée comprend l'axiome selon lequel, juridiquement parlant, « au niveau le plus fondamental, si la nature a des droits et si la nature comprend des animaux, alors des revendications fondées sur les droits pourraient être faites au nom des animaux en utilisant la doctrine et la stratégie du droit de la nature. Une affaire de

---

[143] Constitution de la République Ecuador, 2008, Art. 71, traduit dans World Constitutions Illustrated (HeinOnline, Jefri Jay Ruchti, éd., Maria Del Carmen Gress & J. J. Ruchti, trad., 2018, apud Stilt K.), *op. cit.*, pp. 280, 281.

[144] Ley de Derechos de la Madre Tierra [La loi sur les droits de la Terre Mère], Ley 071 (2010), apud Stilt K. *op. cit.*, p. 280.

2008 de la Cour supérieure de justice du Brésil, connue sous le nom *Wild Parrot*[145], illustre cette possibilité ».

« Revendications au nom des animaux » renvoie à l'hypothèse lancée dans le chapitre précédent où j'ai débattu des sujets de ce droit, où nous avons indiqué que les sujets de ce droit, les États, les organisations internationales et les peuples pourraient agir sur la base d'une curatelle spéciale (ou tutelle spéciale au sens de soins, de protection et de préservation) qui pourrait être légalement réglementée à la fois par des traités et par le droit interne, pour les espèces non parlantes, pour la protection de leurs droits, respectivement pour la protection de la flore et de la faune.

L'affaire concernait la violation de l'Art. 225 de la Constitution brésilienne par le fait d'une personne qui a détenu un perroquet à tête bleue pendant plus de deux décennies et dans des conditions de vie inadéquates. En identifiant le classement de ce perroquet comme espèce sauvage, le lien avec la nature a été facilité, mais le tribunal a fait preuve d'une vision particulière en utilisant un langage qui allait au-delà du souci d'une espèce sauvage et a appliqué l'Article 225 de la Constitution en termes d'« approche écologique » du Brésil.

L'Article 225 constitue un droit humain anthropocentrique à un « environnement écologiquement équilibré », et non une disposition des droits de la nature, et le cadre constitutionnel de la protection des animaux passe par

---

[145] En S.T.J., n° 1.797.175/SP, Relator : Ministro OG Fernandes, 21.03.2019, Revista Eletronica da Jurisprudencia [R.S.T.J.], 13.05.2019 (Braz.), https://processo.stj.jus.br/processo/revista/documento/mediado/?componente=ITA&sequencial=1806039&num_registro=201800312300&data=20190513&peticao_numero=-1&formato=PDF [https://perma.cc/TZ76 - P4E3] (traduction en dossier auprès Harvard Law School Library) (ci-après dénommé Wild Parrot Case).

l'environnement, « la faune et… la flore »[146]. Bien que le point de départ ait été limité, le tribunal, à travers une remise en cause du « concept kantien, anthropocentrique et individualiste de la dignité humaine », a abordé l'article constitutionnel comme une invitation à un débat salutaire sur le droit de la nature et la reconnaissance des êtres sensibles en général, car rien ne nous excuse, en tant qu'êtres humains, si nous agissons au mépris des formes de vie qui ont besoin de notre pensée et de notre conscience, d'autant plus que, comme cette Cour l'a déclaré dans ses considérants, le traitement des animaux « ne doit plus être fondé sur la dignité humaine ou la compassion humaine, mais sur la dignité même inhérente à l'existence des animaux non humains ». Comme Stilt l'a également conclu, sur le plan conceptuel, le tribunal a placé les animaux non humains des contraintes environnementales de l'Article 225 à leur propre statut indépendant, pour lequel le tribunal a respecté à la fois les droits et la dignité.

La Cour a estimé que la dignité devait être reformulée afin de reconnaître « une valeur intrinsèque donnée aux êtres sensibles non humains, dont le statut moral serait ainsi reconnu et ils partageraient la même communauté morale avec les êtres humains ». Stilt souligne également dans son étude que l'expression de tels jugements de valeur a été rendue possible par la Cour réunissant deux aspects de la jurisprudence : la protection des animaux dans les Constitutions allemande et suisse et les droits linguistiques naturels dans la Constitution équatorienne et la Loi bolivienne sur les droits de la Terre Mère. Ainsi, on a noté que « cette vision de la nature comme expression de la vie dans son ensemble permet à la Loi constitutionnelle et à

[146] Constituição Federal [C.F.] [Constitution] Art. 225 (Braz.), traduit en World Constitutions Illustrated (HeinOnline, Jefri Jay Ruchi, éd., Keith S. Rosenn, trad., 2020), apud Stilt K., *op. cit.*, p. 284.

d'autres domaines du droit de reconnaître l'environnement et les animaux non humains comme des êtres de leur propre valeur, ils méritent donc respect et soins, afin que le système judiciaire leur accorde le droit de propriété sur leurs droits et de leur dignité ».

En conclusion de son étude, K. Stilt identifie en effet pour les droits des animaux une source de droit particulièrement pertinente dans les approches sur le droit de la nature qu'il trouve instructives pour la cause des droits des animaux, d'un point de vue intellectuel et pratique, et déclare qu'ils n'offrent pas de modèle à copier en masse, mais au contraire il appelle à une étude minutieuse des parallèles et des points de déconnexion, des points communs et des conflits, avec le potentiel pour des résultats significatifs[147]. Les résultats ci-dessus sont de véritables sources et ont le potentiel d'être appliqués pour le respect du droit de l'âme et des champs d'énergie des animaux et de la nature en général, de toutes les formes de vie.

Les débuts du droit de la nature ont pris racine dans la doctrine des années 1970, se référant ici à l'ouvrage de Christopher Stone, *Should Trees Have Standing? Towards Legal Rights for Natural Objects*, publié en 1972[148]. Stone a commencé son étude en montrant que dans *Descent of Man*, Darwin a observé que l'histoire du développement moral humain a été une extension continue des objets de « ses instincts sociaux et ses sympathies[149] ». Du point de

---

[147] Stilt K., *op. cit.*, p. 285.

[148] Lire l'article de Stone D. Christopher, *Should Trees Have Standing? Towards Legal Rights for Natural Objects*, Southern California Law Review, Éd. University of Southern California, vol. 45 (1972), pp. 450-501.

[149] Darwin C., *Descent of Man*, John Murray, Londres, pp. 119, 120, 121, 124 (2e éd., 1874), apud Stone C., *op. cit.*, p. 450. Voir aussi Waelder R., *Progress and Revolution*, International Universities ;

vue de l'origine, chaque homme se considérait lui-même et considérait ceux qui l'entouraient dans un cercle très étroit ; plus tard, il en vint à voir de plus en plus « non seulement le bien-être, mais aussi le bonheur de tous ses semblables » ; puis « ses sympathies sont devenues plus délicates et étendues, s'adressant aux gens de toutes races, aux imbéciles, aux mutilés et aux autres membres de la société considérés comme inutiles, et finalement aux animaux inférieurs [...] ».

Dans le même article, Stone souligne : « Je propose sérieusement d'accorder des droits légaux aux forêts, aux océans, aux rivières et aux autres soi-disant *objets naturels* dans l'environnement – en fait, à l'environnement naturel dans son ensemble[150]. » Paraphrasant Stone, je peux dire, à

---

première édition, 1967, pp. 39 et les suivantes, apud Stone C., *op. cit.*, p. 450.

[150] Stone C., *op. cit.*, p. 456. Dans la note de bas de page n° 26, l'auteur déclare : « Dans cet article, je me limite essentiellement à une discussion d'objets non animaux mais naturels. Je suis convaincu que le lecteur sera capable de discerner où l'analyse est appropriée afin de mieux comprendre ce qui serait impliqué dans accorder des *droits* à d'autres objets qui ne sont pas actuellement dotés de droits – par exemple, non seulement aux animaux (dont certains ont déjà des droits à certains égards), mais aussi aux humanoïdes, aux ordinateurs, etc., selon le registre national des lieux historiques, 16 U.S.C. § 470 (1970), discuté dans l'affaire Ely C. Velde, 321 F. Supp. 1088 (E.D. Va. 1971). [...] D'autre part, les problèmes de sélection d'une ontologie appropriée sont des problèmes de tous les langages – non seulement du langage des concepts juridiques, mais aussi du langage ordinaire. Considérons, par exemple, le concept de *personne* dans le langage juridique ou courant. Chaque personne est-elle un ensemble fixe de relations, qui persiste sans altération dans le temps ? Nos molécules et nos cellules ne changent-elles pas à chaque instant ? Nos hypostatisations ont toujours pour elles une qualité pragmatique. Voir Hume D., *Of Personal Identity*, in *Treaties of Human Nature* • bk. 1, point IV, § VI, dans les ouvrages philosophiques de David Hume 310-18, 324 (1854) ; T. Muriti, *La Philosophie centrale du bouddhisme*, 70-73 (1955) ».

mon tour, que *je propose tout à fait sérieusement d'accorder des droits légaux aux âmes et aux biochamps de toutes les formes de vie*, ce type de droit étant à ce moment une construction inachevée mais à la base de laquelle il y a dcs sources spécifiques depuis des milliers d'années. Cette théorie peut représenter quelques-unes des sources de cette loi, quelques principes mais nous ne pouvons toujours pas discuter de l'énumération de tous les droits qui peuvent être accordés, concernant les institutions, les moyens de protection ou le règlement des différends. Quand et comment cette construction pourrait-elle être achevée avec toutes ses caractéristiques ?

Dans son ouvrage, Stone, dans la note de bas de page 26, expose les observations de Norman O. Brown, dans *Love's Body*[151], celui qui constate que l'existence de la limite « à réclamer » n'empêche pas la poursuite du trafic réel sur elle. La projection et l'introjection, le processus par lequel le soi se constitue différemment de l'autre n'est pas l'histoire passée, un événement de l'enfance, mais un processus présent de création continue.

Le dualisme du soi et du monde extérieur se construit à travers un processus constant d'échange mutuel entre les deux.

Le soi en tant que substance stable qui perdure dans le temps, une identité, est préservé par l'absorption constante des bonnes parties (ou personnes) du monde extérieur et l'expulsion des mauvaises parties du monde intérieur.

Il y a une errance « inconsciente » continue d'autres personnalités en nous-mêmes. Chaque personne est donc plusieurs personnes ; une foule transformée en une seule

---

[151] O. Brown Norman, *Love's Body, Reissue of 1966 edition*, University of California Press, 1996, pp. 146, 147, apud C. Stone, *op. cit.*, pp. 456, 457.

personne ; une personne morale ; constituée comme personne morale [...].

Dane Rudhyar, depuis 1973, a déclaré dans son livre *Directives pour une nouvelle vie*[152] que, comme il peut le voir, la Terre n'est qu'un « champ » organisé d'activités, tout comme la personne humaine – mais ces activités ont lieu à différents niveaux, dans différentes « sphères » de l'être et des domaines de la conscience. La lithosphère n'est pas la biosphère, et cette dernière ne l'est pas... ionosphère. La terre n'est pas seulement une masse matérielle. La conscience n'est pas seulement « humaine » ; elle existe aux niveaux animal et végétal et très probablement elle doit être latente ou elle doit fonctionner sous une certaine forme, dans la molécule et l'atome ; et toutes ces manières diverses et, dans un sens, hiérarchiques dans l'activité et la conscience, devraient être vues comme intégrées et peut-être transcendantes à travers une Conscience planétaire englobante et « éonique ». [...] La fonction de l'humanité dans l'organisme terrestre d'extraire des activités de tous les autres systèmes d'exploitation de ce corps le type de conscience que nous appelons conscience *réflexive* ou *de soi*, ou nous pouvons aussi dire de métalliser et de donner sens, valeur et *nom* à tout ce qui a lieu n'importe où dans le champ de la Terre [...]. Stone conclut dans son étude que tout cela est lié à la culture, et que ce processus de « métallisation » fonctionne à travers ce que nous appelons *la culture*. Chaque région et condition de vie dans le champ total de l'organisme terrestre correspond intrinsèquement à un type de culture défini. Chaque région est le « ventre » d'où peut émerger tôt ou tard un type spécifique de mentalité et de culture humaines.

[152] Rudhyar Dane, *Directives for new life*, Seed Publications ; 2e édition (1er janvier 1973), pp. 21, 23, apud Stone C., *op. cit.*, pp. 500, 501.

Toutes ces cultures – passées, présentes et futures – et leurs interactions et relations complexes sont les bâtisseurs collectifs de l'Esprit de l'humanité ; et cela signifie la conscience de l'Esprit de la Terre.

De retour au début, à la découverte des sources, on remarque qu'elles étaient nourries par les principes de vie et de gouvernance des peuples autochtones. Plus tard, ils se sont développés sous l'influence de penseurs tels que Thomas Berry [153]ou Cormac Cullinan[154] qui ont développé de nouveaux concepts tels que *la jurisprudence foncière* ou *le droit des animaux.*

Dans ce contexte, nous mentionnons la Déclaration universelle des droits de la Terre Mère, adoptée en 2010 lors de la Conférence mondiale sur les changements climatiques et les droits de la Terre[155]. La Déclaration consacre

---

[153] Thomas Berry était un philosophe chrétien influent qui cherchait à déplacer l'objectif de la religion du salut individuel vers le souci de la Terre et, en fait, de l'univers. Le site officiel portant son nom (https://thomasberry.org/life-and-thought/about-thomas-berry/introduction/, accédé le 24.08.2021) montre qu'il était un prêtre catholique romain qui se considérait comme un géologue et conseillait aux croyants de laisser la Bible sur une étagère pendant 20 ans. Il a propagé sa vision d'une nouvelle ère dans laquelle les sociétés humaines vivraient dans une relation réciproque avantageuse avec le monde de la nature. Ses livres principaux : *The Dream of the Earth* (1988), *The Universe Story* (avec Brian Swimme, 1992), *The Great Work: Our Way Into the Future* (1999) et *Evening Thoughts: Reflection On the Earth as a Sacred Community* (2006), ont inspiré à la fois les mouvements « de l'écologie profonde » et la « spiritualité de la création » plus tard dirigés par des écrivains comme Arne Naess et Matthew Fox.

[154] Avocat, qui a excellé dans le monde universitaire, travaillant sur les questions de gouvernance liées aux interactions humaines avec l'environnement et est le remarquable auteur de *Wild Law*, ainsi que de plusieurs autres ouvrages.

[155] L'État multinational de Bolivie a déposé un projet de résolution sur l'harmonie avec la nature. Le terme « Mère Nature » est important pour la proposition bolivienne, car il véhicule le concept andin de

le droit de la nature pour la première fois à l'échelle internationale. Le texte désigne dans son préambule la Terre comme source de vie et rend compte de la dépendance des droits de l'homme au respect préalable des droits des écosystèmes. En tant qu'entité vivante, la Terre est conçue comme une communauté indivisible d'entités interdépendantes (Article 1) dotée d'une série de droits intrinsèques définis à l'Article 2. Dans le troisième Article, la Déclaration confère à l'homme et au public une série d'obligations et des institutions privées, à commencer par respecter la Terre et vivre en harmonie avec elle.

Au niveau de l'UE, on a constaté que la question des droits de la nature n'est pas encore à l'ordre du jour des dirigeants de l'Union, mais il convient de rappeler qu'en mars 2017, le Parlement bruxellois a accueilli une première réunion à l'initiative de l'ONG Nature's Rights. Cette rencontre inaugurale pourrait s'avérer être le début

---

Pachamama, la symbiose entre l'humanité et la nature, offrant ainsi un respect dû à la nature. La formulation initiale donnait une connotation particulière à l'approche des Nations unies, qui, de toute façon, se reflétait dans la version finale adoptée. Le projet de résolution sur l'harmonie avec la Terre Mère proposait « une éventuelle déclaration de principes éthiques et de valeurs éthiques afin de vivre en harmonie avec la Terre Mère », tandis que celui sur l'harmonie avec la nature ne fait pas une telle référence ni l'exclut. Selon l'ONU, en 2009, l'Assemblée générale des Nations unies, lors de sa soixante-quatrième session, a examiné, entre autres, l'environnement, le développement durable, la biodiversité, le changement climatique, la désertification, l'eau comme ressource de base et un projet de résolution intitulé « Harmonie avec la nature ». Le Département de l'information des Nations unies a mentionné le projet de résolution dans un communiqué de presse, soulignant sa nouveauté. Alors que le communiqué de presse faisait référence à une résolution sur l'harmonie avec la Terre Mère, il est en fait intitulé « Harmonie avec la nature », qui est le même document qui a ensuite été modifié pour répondre aux préoccupations.

d'une dynamique de promotion des droits de la nature à l'échelle européenne.

Dans cette optique, l'ONG Nature's Rights a élaboré un projet de directive européenne avec le soutien d'experts d'Harmony for Nature et de l'UICN[156] (Union internationale pour la conservation de la nature). Le texte prévoit la reconnaissance des droits de la nature et leur cadre de protection, notamment la juridiction, ainsi que le mécanisme de sanction en cas d'infraction. Les États membres sont invités à travers ce projet à réviser leur législation nationale à la lumière des droits de la nature[157].

---

[156] Selon les données officielles, l'Union internationale pour la conservation de la nature (UICN) est l'une des organisations les plus importantes pour la promotion du droit de la nature sur la scène internationale. Ce desideratum était à la base des objectifs de son programme 2017-2020. Le Manifeste d'Oslo, publié en 2016, reconnaît en outre l'échec depuis des décennies du droit de l'environnement dans la conservation des écosystèmes et soutient un droit écologique, non anthropocentrique, par l'ADGE (Association pour le droit et la gouvernance écologique) récemment créée. De plus, en avril 2016, l'UICN a inscrit le droit de la nature parmi les principes de sa Déclaration mondiale sur la primauté du droit de l'environnement. Le principe 2 du texte stipule que tout être humain et tout autre être vivant a droit à la préservation, à la protection et à la restauration de sa santé et de l'intégrité des écosystèmes. La nature jouit d'un droit inhérent à exister, à prospérer et à évoluer. « En pratique, l'engagement de l'Union en faveur des droits de la nature remonte à plusieurs années. Depuis 2012, à travers sa fameuse résolution WCC-2012-Res-100, l'organisation a recommandé la mise en place du *droit de la nature comme essence* de toutes ses activités et décisions, invitant ses États membres à participer à la préparation d'une Déclaration universelle des droits de la nature contribuant au développement d'une nouvelle philosophie du bien-être humain ».

[157] Ce projet de directive vise à recueillir 1 million de signatures *via* la procédure d'initiative citoyenne européenne et à inviter la Commission à présenter une proposition législative au Parlement européen sur la base du texte.

Le droit naturel et son rôle

C'est aussi une source importante pour le droit de l'âme et des champs d'énergie des formes de vie. Essentiellement, selon la théorie juridique du droit naturel, l'autorité des normes juridiques découle nécessairement, au moins en partie, des considérations relatives au mérite moral de ces normes[158]. Il y a différents types de théories juridiques du droit naturel, qui diffèrent les unes des autres dans le rôle que la morale joue dans la détermination de l'autorité des normes juridiques. C'est une inspiration – naturelle, voire surnaturelle – placée dans le cœur de l'homme, pour lui montrer le chemin à suivre et la conduite à manifester dans la société. Cette perspective est systématiquement développée chez Platon, Aristote et surtout chez les stoïciens qui ont influencé l'élaboration du droit romain sur la base spiritualiste du droit naturel[159].

Selon la théorie du droit naturel, tous les peuples ont des droits inhérents, conférés non par un acte législatif, mais par « Dieu, la nature ou la raison[160] ». La théorie du droit naturel a marqué « les théories de l'éthique, les théories de la politique, les théories du droit civil et les théories de la morale religieuse[161] ». Ce sont les raisons pour lesquelles nombre d'éléments de la théorie du droit deviennent, implicitement, une source de droit pour le droit de

---

[158] Voir *The Internet Encyclopedia of Philosophy* (IEP) (ISSN 2161-0002), disponible à https://iep.utm.edu/natlaw/, accédé le 29.08.2021.

[159] Voir Vlassios I. Phidas, *Drept canonic. O perspectivă ortodoxă/Droit canon. Un point de vue orthodoxe*, Trinitas, 2008, pp. 19, 20.

[160] Kelsen Hans (2007), *General Theory of Law And State. The Lawbook Exchange*, p. 392.

[161] Murphy Mark (2019), *"The Natural Law Tradition in Ethics"*, in *Zalta, Edward N. (éd.)*, The Stanford Encyclopedia of Philosophy (été 2019 éd.), Metaphysics Research Lab, Stanford University, retrouvé 2020-10-19.

l'âme et des biochamps des formes de vie, de même que, selon le droit naturel, les normes morales régissant le comportement humain sont (d'une certaine manière traitées par cette théorie du droit naturel) dérivées objectivement de la nature des êtres humains et de la nature du monde. Selon F. K. von Savigny – une personnalité qui a fortement influencé les développements sociaux et juridiques, « la loi [...] est d'abord élaborée par l'habitude et la foi populaires, puis par des décisions judiciaires – partout donc, par des pouvoirs internes, opérant en silence, et non par la volonté arbitraire d'un législateur[162] ».

Sir Albérico Gentili[163] et Hugo Grotius ont fondé leurs philosophies du droit international sur le droit naturel. C'est un fait bien connu que les écrits de Grotius sur la liberté des mers et la juste théorie de la guerre faisaient directement appel au droit naturel. Sur la loi naturelle elle-même, il écrit que « même la volonté d'un être omnipotent ne peut changer ou abroger » la loi naturelle, qui « garderait sa validité objective même si nous supposions l'impossible, qu'il n'y a pas de Dieu ou que Dieu ne se soucie de la vie de l'homme ». (*De iure belli ac pacis, Prolegomeni XI*). C'est le fameux argument *etiam* et *daremus* (*non esse Deum*), qui rend la loi naturelle non dépendante de la théologie. Cependant, certains historiens allemands tels que Ernst Wolf et M. Elze étaient en désaccord et ont soutenu que ce concept de droit naturel de Gro-

[162] Kutner Luis, *Legal Philosophers: Savigny: German Lawgiver*, vol. 55, numéro 2, *Marquette Law Review*, éd. Marquette University, 1972, p. 280.

[163] Alberico Gentili est considéré comme le fondateur de la science du droit international avec Francisco de Vitoria et Hugo Grotius. Bien que ses ouvrages comportent des références théologiques ou littéraires, ils constituent un point de départ pour la doctrine du droit international.

tius avait une base théologique [164]. Ces conventions morales notées par Grotius dans l'Ancien Testament (par exemple le Décalogue) toujours valables en les réaffirmant dans le Nouveau Testament, bien que jugées utiles pour l'explication du contenu de la loi naturelle, nous verrons qu'elles peuvent être source de droit coutumier pour le droit de l'âme et des biochamps des formes de vie. La révélation biblique et la loi naturelle sont toutes deux originaires de Dieu et, par conséquent, elles ne pouvaient pas se contredire[165]. De la même manière, Samuel Pufendorf a donné au droit naturel un fondement théologique et l'a appliqué à ses concepts de gouvernement et de droit international[166].

Les influences du droit canon et du droit ecclésiastique

Sans entrer dans des débats sur les spécificités des droits canoniques ou ecclésiastiques, les références à ces œuvres concerneront le potentiel des sources juridiques et/ou quasi légales émanant de ces droits.

Comme on le sait, le droit canonique (lat. *jus canonicum*) est représenté par un corpus de lois donné au sein de

---

[164] Wolf Ernst, Naturrecht, in *Die Religion in Geschichte und Gegenwart*, 3. Auflage, Band IV (1960), Tübingen (Allemagne), coll. 1357, in *Religion in Geschichte und Gegenwart*, éd. Hans D. Betz, Don S. Browning, Bernd Janowski et Eberhard Jüngel, quatrième édition révisée, 2007.

[165] Elze M., Grotius, Hugo, in *Die Religion in Geschichte und Gegenwart*, 3. Auflage, Band II (1958), coll. 1885, in *Religion in Geschichte und Gegenwart*, éd. Hans D. Betz, Don S. Browning, Bernd Janowski et Eberhard Jüngel, quatrième édition révisée, 2007.

[166] Hohlwein H., Pufendorf, Samuel Freiherr von, in *Die Religion in Geschichte und Gegenwart*, 3. Auflage, Band V (1961), coll. 721, in *Religion in Geschichte und Gegenwart*, éd. Hans D. Betz, Don S. Browning, Bernd Janowski et Eberhard Jüngel, quatrième édition révisée, 2007.

certaines Églises chrétiennes (catholiques romaines, orthodoxes orientales, Églises indépendantes de christianisme oriental et de communion anglicane) par l'autorité ecclésiastique reconnue par les gouvernements (reconnaissance à la fois de l'Église entière et de ses parties, du comportement et des actions des individus). *Lato sensu*, le droit canonique comprend les préceptes de la loi divine, naturels ou positifs, incorporés dans les recueils et codes canoniques.

Le droit ecclésiastique ne doit pas être confondu avec le droit canonique, car ce dernier est une branche du droit régissant les relations de l'État séculier avec les différentes confessions religieuses, étant, dans son sens le plus large, la somme des règles ayant force juridique régissant l'Église chrétienne, soit dans sa politique intérieure, soit dans ses relations avec le pouvoir séculier. Puisqu'il y a diverses Églises, qui diffèrent grandement dans leurs principes et leur pratique, il s'ensuit qu'il existe une différence similaire dans leur loi ecclésiastique, qui est le résultat de leur conscience collective, altérée par plusieurs relations avec l'autorité séculière.

Les sources inspirées du droit ecclésiastique et du droit canonique revêtent une importance particulière par leur longueur, leur diffusion et leur reconnaissance car elles ont pour noyau l'âme (même si elle est rapportée à la Divinité) en termes de souci du respect de certaines règles de conduite religieuse dans cette vie, afin d'assurer une existence éternelle de l'âme après la mort du corps physique.

Les sources du droit canon ont leur degré de signification. Dès les premiers siècles de l'Église, il existait une habitude de rassembler les chanoines, afin d'en faciliter la connaissance, l'application et l'observance. D'un point de vue historique, la collection des canons fondamentaux de l'Église orthodoxe a parcouru au cours de son apparition plusieurs étapes, telles que : la période précédant l'Édit de Milan (313) ; la période entre 313 et 883 pour l'élaboration du Nomocanon du Patriarche Photius (qui sera la base de la Collection ultérieure des Canons) et la période après cette année, notant que ces collections étaient à la fois canoniques et nomocanoniques (ceux qui étaient composés des canons et des lois de l'État concernant l'Église).

Quant aux sources du droit canonique catholique, il s'agit du Codex Juris Canonici pour l'Église catholique romaine et du Codex Canonum Ecclesiarum Orientalium pour les Églises catholiques orientales. Pour les sources du droit protestant : l'Écriture sainte, les confessions de foi, les écrits des réformateurs et les statuts (les constitutions) selon lesquels chaque Église est désormais gouvernée.

Par conséquent, la principale source du droit canonique orthodoxe est le Recueil fondamental des canons de l'Église orthodoxe composé en 883, accompagné *des canons d'achèvement, de l'habitude du droit canonique, des décisions des synodes panorthodoxes, des règles monastiques, des opinions des canonistes, la jurisprudence orthodoxe et le rite liturgique.*

Parmi les sources particulières, valables uniquement dans chaque Église locale, on peut énumérer : *les promulgations des lois ecclésiastiques locales, l'habitude et la pratique locales, les décisions des organes directeurs de l'Église et la législation de l'État.*

« Codex Juris Canonici » de l'Église catholique romaine

Jusqu'au Grand Schisme, l'Église de l'Occident utilisait les mêmes canons[167] avec l'Église de l'Orient.

---

[167] Par exemple, ces collections ont été réunies : *Codex canonum ecclesiasticorum Dionisii Exigui* (VIe siècle) et *Colectio decretorum pontificum romanorum* (donné par le pape Adrien Ier à Charlemagne en 774, et il a été nommé *Liber canonum*), à la fois sous la garde de Dionisii Exigui ; *Collectio canoni Isidori Mercatoris* (IXe siècle)

Dans l'Église catholique romaine, à côté *des décrétales papales*, on trouve les décisions des soi-disant conciles œcuméniques (d'après le Synode de Nicée en 787).

Au concile de Bâle (1411-1443) en un seul corps, tous les recueils officiels de canons publiés jusqu'à cette date (Decretum Gratiani, Decretales Gregorii Novi, Liber Sextus et Clementinae) formaient le *Corpus Juris Canonici* qui eut une série d'éditions jusqu'en 1566 lorsque le pape Pie V (1566-1572) a ordonné une systématisation totale de cette collection qui a ensuite été révisée et restructurée sur proposition du pape Jean XXIII (1958-1963) et elle a pris fin en 1983, pendant le pape Jean-Paul II (1978-2005).

Le Codex Juris Canonici a été rédigé en latin, promulgué le 15 janvier 1983 et est entré en vigueur le 27 novembre 1983. Il s'agit du code canonique fondamental actuel qui guide l'Église catholique romaine.

Toutes ces sources démontrent la croyance de la plupart des gens, répandue depuis des milliers d'années, en l'existence de l'âme approchée individuellement. Par exemple, le Code de droit canonique[168] traduit dans la ver-

---

attribué à Isidor Mercator ; Collection Réginus, abbé de Prum (Xe siècle) ; *Decretum* de Burchard of Worms (XIe siècle) et *Panormia* par Ives of Charters (XIIe siècle). Ces collections, à leur tour, seront la principale source de la *Concordia discordantiam canonum* (Gratian, XIIe siècle).

Alors que cinq recueils de *décrétales papales* sont apparus devant le pape Grégoire IX (1227-1241), il décide de constituer, soutenu par son aumônier Raymond de Penafort en 1234, la Collection de *Decretales Gregorii Novi* ou *Liber Extra*. Le pape Boniface VIII (1294-1303), en 1298, réunit les décrétales papales parues entretemps, dans la collection *Liber sextus*. Cet exemple a également été suivi par le pape Clément V (1305-1314), à travers la Collection de 1317 appelée *Clementinae*.

[168] Voir *Codul de drept canonic/Code de droit canonique*, Sapientia, Iași, 2004, traduit par le prêtre Ioan Tamaș. Le texte d'origine : Pontificia Commissio Codici Iuris Canonici Authentice Interpretando, *Codex iuris canonici. Auctoritate Ioannis Pauli PP. II promulgatus.*

sion roumaine se réfère aux âmes comme une partie distincte [169] de la pensée, de la sagesse et de la vertu humaines, dans les canons : 150 (« le plein soin des âmes »), 246 (« la force de l'esprit pour le travail apostolique »), 364 (« le bien des âmes »), 378 (« le zèle pour les âmes, la sagesse, la prudence et les vertus humaines »), 421 (« à côté de lui dans les actes et l'âme »), 463 (« soin des âmes »), 521 (« le zèle pour les âmes »), 529 (« les renforcer avec les sacrements et en recommandant leurs âmes à Dieu »), 573 (« le salut du monde »), 633 (« à qui ils peuvent librement et volontairement ouvrir leurs âmes »), 664 (« Les religieux doivent lutter pour la conversion de l'âme vers Dieu, d'examiner sa conscience »), 678, 738, 757, 778, 928, 986, 1003 (« soin des âmes »), 747 (§2. « Il appartient à l'Église toujours et partout d'annoncer les principes moraux, même de l'ordre social, et de juger toute affaire humaine dans la mesure où les droits fondamentaux de la personne humaine ou le salut des *âmes* l'exigent… »), 771, 773, 794, 845, 861, 890, 898, 1001, 1063, 1072, 1128, 1252 (« Pasteurs d'âmes »), 839 (« L'Église remplit la fonction de sanctifier aussi par d'autres moyens, à la fois par des prières dans lesquelles elle demande à Dieu de sanctifier les fidèles chrétiens dans la vérité, et par des œuvres de pénitence et de charité qui contribuent grandement à enraciner et à fortifier le royaume du Christ dans les *âmes* et contribuer au salut du *monde* »), 978, 1452 (« salut des âmes »), 1215 (« servir le bien des âmes »), 1323, 1324 (« mal des âmes »).

Fontium annotatione et indice analytico – alphabetico auctus, Libreria Editrice Vaticana, 1989.

[169] Reconnaître l'existence même d'un consentement interne de l'âme, selon les termes du consentement interne de l'âme au mariage, can. 1107 ou « certitude morale sur la matière à trancher par la sentence », can. 1608, §1.

« Codex Canonum Ecclesiarum Orientalium » des Églises catholiques orientales

Plus récemment, initié au sein de la Commission de codification du droit ecclésiastique latin, est paru le premier *Codex Iuris Canonici* (1917). Grâce aux efforts du pape Pie XI le 3 août 1927, grâce à la création d'un « Consiglio di Presidenza » qu'il préside. À partir de 1930, la commission a commencé à publier une collection de sources de droit canon oriental sous le nom de *Fonti* (Fontes Codificationis Orientalis), plus tard « Pontificia Commissione per la Redazione del Codice di Diritto Canonico Orientale » et le texte – brouillon de celui tiré en 1945 – sera débattu jusqu'en mars 1948. En raison des critiques, elle n'a été que partiellement promulguée par le pape Pie XII. La dernière phase de la rédaction du Codex catholique oriental a commencé le 10 juin 1972 et des années plus tard, le 17 octobre 1986, le pape Jean-Paul II a présenté pour promulgation le nouveau *Schema Codicis Iuris Canonici Orientalis.*

Suite à de nouvelles modifications du texte, le 28 janvier 1989, la dernière ébauche du codex a été publiée en dix exemplaires informatifs, cette fois avec un nouveau titre, le *Codex Canonum Ecclesiarum Orientalium (CCEO)*. Dans cette dernière édition, le pape Jean-Paul II a promulgué le Codex canonique des Églises catholiques orientales le 18 octobre 1990, qui est le code canonique officiel actuel de ces Églises, y compris pour l'Église catholique byzantine, l'Église catholique latine et pour l'Église catholique de rite oriental.

En fait, les sources du droit canon protestant ont été influencées par l'émergence des États-nations prémodernes lorsque le droit canon était la seule législation pour l'Église et pour la société, le résultat étant que les évêques ont acquis une autorité spirituelle et politique. Martin Luther a exprimé sa conviction que l'*Église intérieure et spirituelle – ecclesia abscondita –* est différente de l'Église vue sur terre, formulant un concept sur l'Église, comme rassemblant ceux qui croient au Christ, convaincus que le droit canon, par l'usage abusif du terme *loi spirituelle*, a conduit les chrétiens à l'échec, déclarant que la loi spirituelle et les lois humaines ne sont pas applicables à la spiritualité chrétienne, à cette *ecclesia abscondita,* se manifestant publiquement contre le droit canon, en brûlant les décrets pontificaux à Wittenberg le 10 décembre 1520, après quoi, à la fin du même mois, il publie : *Pourquoi les livres du pape et de ses disciples sont brûlés*, rejetant l'autorité du droit canon, critiquant la primauté du pape dans l'Église, le désir papal d'une juridiction illimitée, l'inexistence d'une institution de responsabilité papale, la supériorité *ou le pouvoir de décider* de telle sorte que le salut des chrétiens dépende non seulement de Dieu, mais aussi du pape, etc.

À partir de la conviction de Luther selon laquelle l'élément du droit divin qui demeure dans l'Église sur terre est la Bible ou la Sainte Écriture, le collaborateur de Luther Melanchton (1497-1560) procède à l'identification du *ius divinum* avec *la Sainte Écriture*, de sorte que les lois des Églises protestantes n'avaient pas seulement un caractère légal, mais aussi théologique et spirituel. De plus, Jean Calvin (1509-1564) a connu les idées de Luther à travers les humanistes. Dans les *Institutions de la religion chrétienne* (1536), il développa la distinction entre l'Église invisible et l'Église visible sur la terre. En tant que juriste, Calvin parlait plus de *lex divina* que de *ius divinum.* Les développements ultérieurs ont conduit aux futures constitutions des Églises protestantes (*Kirchenverfassungen* allemandes), sur la base desquelles elles fonctionnent encore aujourd'hui, mais la source principale du droit canon protestant est l'Écriture sainte, les confessions de foi, les écrits du grand réformateur et, comme mentionné ci-dessus, les constitutions spécifiques de chaque Église.

Il faut aussi noter que le droit canon a joué un rôle clé dans la transmission de la jurisprudence grecque et romaine et dans la reconnaissance du droit justinien (droit romain codifié sous l'empereur byzantin Justinien au VIe siècle) en Europe au Moyen Âge. Ainsi, l'histoire du Moyen Âge, dans la mesure où il était dominé par des préoccupations ecclésiastiques, ne peut être écrite sans la connaissance des institutions ecclésiastiques régies selon le droit canon.

L'importance des sources du droit canon et ecclésiastique réside également dans le fait que de nombreuses institutions et concepts du droit canon ont influencé la jurisprudence dans les pays influencés par le protestantisme, ayant une influence particulière sur les règles juridiques régissant, par exemple, la théorie des obligations, l'institution du mariage, la doctrine de l'acquisition de biens, la possession, les testaments, les personnes morales, la procédure pénale (à travers le régime juridique de la preuve).

Les droits des autres confessions, leurs réglementations d'ordre juridique s'ajoutent aux exemples de droits canoniques exposés ; ensemble, ils reflètent l'interface entre la loi et la religion dans une perspective globale.

L'évolution même du droit international est due aux canonistes et aux théologiens, ainsi qu'à la conception moderne de l'État qui renvoie aux idées développées par les canonistes médiévaux concernant la constitution de l'Église. L'histoire des principes juridiques de la relation entre *sacerdotium* et *imperium* – c'est-à-dire de l'autorité ecclésiastique séculière ou de l'Église avec l'État – est un facteur central de l'histoire européenne[170].

Cette relation entre les croyants et l'Église et plus encore entre l'Église et l'État peut inspirer le droit des âmes et des biochamps, par la chance de ce dernier de ne pas répéter certaines erreurs dans les relations premières, me référant ici à éviter toute forme d'obscurantisme ou de domination. Grâce à une mathématique du droit, une série de règles peuvent être réécrites et adaptées au nouveau droit de l'âme.

L'influence du droit de la santé

Ce type de sources est particulièrement pertinent en ce qui concerne le droit des formes de vie sur leurs propres champs énergétiques, avec une référence particulière à la pratique de la médecine alternative/complémentaire. J'ai précédemment montré que les principaux domaines de pratique en médecine complémentaire/alternative selon la classification élaborée par l'Organisation mondiale de la santé sont : les traitements par lumière naturelle et artificielle, l'électroacupuncture et l'acupuncture, les champs électromagnétiques, la stimulation électrique et neuromagnétique, la thérapie par champ magnétique, l'holographie thérapie, spectroscopie, Reiki, IRM, technique radiante, thérapie biofield, biorythmologie, cristal thérapie, chromothérapie, médecine traditionnelle chinoise – MTC, thérapie Su Jok, astrologie, Qigong, yoga, feng shui, etc. Tout cela est basé sur la théorie selon laquelle

---

[170] Des études intéressantes sur ce sujet peuvent être trouvées dans les numéros *Ecclesiastical Law Journal*, Cambridge University Press, en particulier dans Doe N. (1999), *The Principles of Canon Law: A Focus of Legal Unity in Anglican – Roman Catholic Relations. Ecclesiastical Law Journal*, *5* (25), 221-240, doi : 10.1017/S0956618X00003586.

toute maladie s'installe d'abord dans le champ énergétique d'une forme de vie, d'où elle migre ensuite vers le corps physique.

Certaines des techniques décrites ci-dessus sont expérimentées depuis des milliers d'années. Par exemple, l'acupuncture remonte à la préhistoire. Selon la théorie de la médecine traditionnelle chinoise, la vie et la santé sont soutenues par une énergie appelée Qi, tout déséquilibre ou perturbation de cette énergie Qi conduisant à la maladie. Les informations que nous pouvons identifier sur l'acupuncture montrent qu'elle a le rôle de débloquer et de réguler la circulation de cette énergie, rétablissant ainsi l'équilibre énergétique. Par conséquent, l'acupuncture s'adresse à la partie énergétique du corps et repose sur le principe que l'énergie humaine circule dans le corps par des canaux appelés *méridiens*, alimentant les différents organes correspondants et venant à la surface de la peau où elle interagit avec l'extérieur. À ce niveau, l'énergie peut être influencée en stimulant des points (points d'acupuncture) à faible résistance et à faible vibration, en introduisant des aiguilles d'acupuncture, fines, spéciales. La présence d'un flux normal d'énergie est le signe d'un corps sain. La perturbation du flux d'énergie des méridiens entraîne l'apparition d'une maladie.

Plus récemment, une autre technique est le Reiki ; c'est aussi une forme japonaise de médecine alternative appelée guérison énergétique, à travers laquelle une « énergie universelle » est transférée à travers les paumes du praticien vers le patient, pour encourager la guérison émotionnelle ou physique. Considéré comme une pseudoscience dans les textes scientifiques et les articles de revues académiques, de plus en plus de personnes se tournent vers le Reiki.

La pratique est basée sur le Qi (« chi »), qui, selon les praticiens, est une force de vie universelle. Bien que la pratique de l'énergie universelle circulant par les mains (paumes) soit remise en cause par le christianisme (l'Église catholique), on ne peut s'empêcher de faire un parallèle entre toucher les mains que l'on trouve dans les Saintes Écritures sous ce que l'on appelle la bénédiction et la même forme du toucher que l'on retrouve dans le Reiki. Nous pouvons illustrer avec des passages de la Bible[171] :

Lévitique – le troisième livre de Moïse[172] – chap. 1. 4. « Il posera sa *main* sur la tête de l'holocauste, qui sera accepté de l'Éternel pour lui servir d'expiation ».

Genèse 48. 14. « Et Israël avança sa *main* droite et la mit sur la tête d'Ephraïm, qui était le cadet, et sa main gauche sur la tête de Manassé. Il croisa ses mains, car Manassé était l'aîné ».

Exode – le deuxième livre de Moïse – chap. 3. 20. « Mais j'étendrai ma *main* et je frapperai l'Égypte par tous mes prodiges que je ferai au milieu d'elle. Après cela, il vous renverra ».

Chap. 9. 35. « Et le cœur de Pharaon s'endurcit, et il ne laissa pas aller les fils d'Israël, selon que l'Éternel l'avait annoncé par Moïse ».

---

[171] La Bible orthodoxe roumaine est connue sous le nom de Bible de Bucarest. Le texte de la Bible orthodoxe a été finalisé à l'initiative de Șerban Cantacuzino, seigneur de Munténie entre 1678-1688. L'impression de la Bible orthodoxe a commencé le 5 novembre 1687 et s'est terminée le 10 novembre 1688.

[172] Chap. 4. 4. Il amènera le taureau à l'entrée de la Tente d'assignation, devant l'Éternel ; il appuiera sa *main* sur la tête du taureau et il égorgera le taureau devant l'Éternel.

24. Il appuiera sa *main* sur la tête du bouc et il l'égorgera au lieu où l'on égorge l'holocauste devant l'Éternel ; c'est un sacrifice pour le péché.

29. Il appuiera sa *main* sur la tête de la victime pour le péché et il l'égorgera dans le lieu où l'on offre l'holocauste.

33. Il appuiera sa *main* sur la tête de la victime pour le péché et l'égorgera pour le péché au lieu où l'on égorge l'holocauste.

Ici, nous avons les parties où Moïse étendit sa main vers le ciel, sur les eaux, etc.

Le Saint Évangile de Matthieu chap. 8. 3. « Jésus étendit la *main*, le toucha, et dit : *Je le veux, sois pur*. Aussitôt il fut purifié de sa lèpre ».

Chap. 9. 18. « Tandis qu'il leur adressait ces paroles, un chef arriva, se prosterna devant lui et dit : *Ma fille est morte il y a un instant ; mais viens, pose ta main sur elle et elle vivra* ».

Le Saint Évangile de Marc, chap. 1. 41. « Rempli de compassion, Jésus tendit la *main*, le toucha et dit : *Je le veux, sois pur* ».

Les autres évangiles et d'autres passages bibliques décrivent le pouvoir des mains à travers le flux de guérison et d'autonomisation de l'énergie divine.

Un certain nombre de thérapies alternatives utilisent la même énergie de l'univers dans la guérison.

L'étude appropriée (y compris les sources de droit des promesses aux lois) des champs d'énergie pour les formes de vie implique l'étude de leur histoire ancienne.

Le Qi Gong en tant que forme très ancienne de guérison a été décrit comme : « Cette forme spirituelle et énergétique agit alors comme un modèle sur lequel l'univers entier avec l'espace et le temps, l'énergie et la matière est fondé[173] ». Comme pour toute source de droit, l'un des critères est celui de l'archéologie, à savoir l'analyse des découvertes archéologiques exceptionnelles. Dr Igor Micunovic, président de l'Association des acupuncteurs du Monténégro et membre éminent de la Société mondiale des sociétés de médecine traditionnelle chinoise, montre dans ses études que les cliniques de MTC utilisent

---

[173] Voir Johnson J. A., *Chinese Medical Qigong Therapy*, Part. 1, publié pour la première fois en mars 2002 par l'Institut international de Qi Gong médical, pp. 127, 131.

d'anciens exercices de guérison enregistrés sous le nom de Dao Yin (Dao Yin est un exercice de respiration des précurseurs du Qi Gong, généralement en position assise et couchée, dérivé d'une longue histoire d'expérience en médecine préventive). Historiquement, les exercices de Qi Gong remontent à la dynastie Shang (1600-1046 av. Christ) et il y a beaucoup de dessins descriptifs et de textes d'exercices d'entraînement et de méditations de Qi Gong. Est intéressante la note de I. Micunovic selon laquelle les premiers exercices médicaux de Qi Gong ont été créés en analysant les mouvements des animaux. Les découvertes archéologiques ont prouvé la tradition de cette pratique. Les tombeaux de la dynastie Han Mawangd (206 avant Christ-220 après Christ) peuvent être illustrés par quarante-quatre dessins d'illustrations de Qi Gong antiques classiques, avec des descriptions de mouvements thérapeutiques et de maladies correspondantes, comme en témoignent les ressources archéologiques que dans la Chine ancienne, les prescriptions de Qi Gong se sont transformées en un système d'énergies Yin et Yang.

Au fil du temps, Dr Hua Tuo s'est fait remarquer pour avoir développé « Five Animal Frolics », qui sont parmi les plus anciennes formes de prescriptions de Qi Gong utilisées en Chine aujourd'hui, souvent pour poursuivre le processus de traitement du patient. On a découvert qu'il y a deux objectifs à la pratique et à la diffusion du Qi Gong : protéger et renforcer la santé du corps et traiter les maladies.

Cependant, les biochamps des formes de vie ne sont pas protégés de manière réelle et efficace par aucune des libertés ou droits qui existent jusqu'à présent.

Si on considère les sources qui proviennent du droit de la santé, il faut en mentionner un bref historique, avec la même mention que dans le cas des sources du droit humanitaire ou du droit de la nature, selon lesquelles elles peuvent être étendues institutionnellement et comme un règlement au droit des champs d'énergie de toutes les formes de vie.

Le droit à la santé a été affirmé pour la première fois dans la Constitution de l'OMS (1946) qui stipule que « la meilleure santé possible est un droit fondamental de tout être humain… ». Le préambule de la Constitution définit la santé comme : « […] un bien-être physique, mental et social complet, et pas seulement négativement comme l'absence de maladie ou d'infirmité ».

La Déclaration universelle des droits de l'homme de 1948 mentionnait la santé comme faisant partie au droit relatif à un niveau de vie suffisant (Article 25). En 1966, dans le Pacte international relatif aux droits économiques, sociaux et culturels, l'Article 12 stipulait le droit de chacun de jouir du meilleur état de santé possible[174].

Le droit à la santé est largement reconnu et interprété. Ceci est pertinent pour tous les États : chaque État a ratifié au moins un traité international des droits de l'homme qui reconnaît le droit à la santé.

---

[174] « 1. Les États parties au présent Pacte reconnaissent le droit de chacun de jouir du meilleur état de santé physique et mentale susceptible d'être atteint.

2. Les mesures que doivent prendre les États parties au présent Pacte pour parvenir au plein exercice de ce droit comprennent celles nécessaires pour :

a) Les dispositions relatives à la réduction du taux de mortinatalité et de la mortalité infantile et au développement sain de l'enfant ;

b) L'amélioration de tous les aspects de l'hygiène environnementale et industrielle ;

c) La prévention, le traitement et la lutte contre les maladies épidémiques, endémiques, professionnelles et autres ;

d) La création de conditions qui assureraient à tous les services médicaux et les soins médicaux en cas de maladie ».

L'influence du droit au bonheur

Comparativement, du point de vue de la source du droit, il est intéressant de savoir si le bonheur peut être considéré comme une liberté civile ou comme un droit subjectif au sens du droit civil – *ubi ius ibi remedium*. Face au droit au bonheur, le droit de l'âme et des biochamps des formes de vie a un avantage en raison de leurs sources provenant du droit canon, du droit ecclésiastique, du droit de la nature, du droit médical (notamment à travers les thérapies alternatives) et même des droits de l'homme dans leur ensemble.

Le droit au bonheur repose sur certaines conditions matérielles et spirituelles, ce qui signifie qu'on peut dire qu'il confère un certain nombre de caractéristiques importantes au droit de l'âme. Atteignant un certain degré de civilisation, on atteint avantageusement des changements institutionnels et juridiques. Les spécialistes ont tenté de développer une définition du concept juridique de bonheur, affirmant qu'il *s'agit d'une faculté, dont toute personne dispose, de créer toutes les conditions matérielles et spirituelles nécessaires pour atteindre l'état de pleine satisfaction, intense et complet, dans les limites de la loi et de la morale*[175].

L'existence d'une forte interdépendance entre les sources du droit de l'âme et des biochamps des formes de vie est démontrée par les liens entre les concepts philosophiques, psychologiques, religieux et économiques.

Revenant à la conception de John Locke sur le droit naturel au bonheur, on voit qu'il considérait que la loi naturelle légitime tout ce qu'une personne entreprend par rapport à sa vie, montrant le pouvoir de remédier, de régler

---

[175] Voir Ciochină-Barbu Ioan, *Despre natura juridică a « dreptului la fericire »/À propos de la nature juridique du « droit au bonheur »*, in *Acta Universitatis George Bacovia. Juridica*, volume 6, Issue 2/2017.

les conflits en concluant un contrat avec tout le monde pour créer une société civilisée. Selon Locke, nous autorisons ainsi un gouvernement qui peut même nous juger pour défendre les droits naturels et qui peut être dissous à tout moment s'il viole les lois et met en danger la vie, la liberté ou la propriété des individus. Par conséquent, compte tenu de l'importance du droit de propriété, nous constatons qu'il était considéré comme dérivé des droits naturels, fondamentaux offerts à l'homme par la grâce divine et inaliénables à tout être humain, tels que : le droit à la vie, à la liberté et à *la poursuite du bonheur*.

Bien que le droit au bonheur, qu'il prenne la forme d'une liberté ou un droit, se réfère exclusivement à l'homme (étant souvent inclus dans les droits de la personnalité), il peut être développé et appliqué *in extenso* aux formes de vie, toujours comme droit dérivé, par assimilation aux exigences fondamentales considérées comme fondement du bonheur de tout être : alimentation, libre accès à l'habitat naturel, reproduction, etc., les limites de la loi et de la morale surtout n'étant dédiées qu'à l'homme. Plus tôt, nous avons discuté du lien indispensable entre l'homme, la Divinité et la nature, en tant que processus d'intégration de l'individu, phénomène qui met l'accent sur l'harmonisation de l'âme avec l'environnement social, et en tant que tendances morales, maintenant l'équilibre entre objectif et subjectif, tout cela créant du bonheur. Souvent analysés ensemble, la liberté et le bonheur viennent de la façon dont l'âme est connectée à elle-même et à l'environnement. En d'autres termes, ils se rapportent à la nature, à la société et à soi.

Nous connaissons tous les statistiques qui traitent du classement des personnes les plus heureuses. Le World Happiness Report 2021 est une source bien connue de données et de recherches internationales sur la satisfaction de la vie autodéclarée, et s'incarne dans les « scores de bonheur ». L'accent est mis sur le rôle de l'État et des Constitutions dans la régulation de la création des conditions nécessaires au bien-être matériel et spirituel (espérance de vie, PIB par habitant, soutien social, santé, liberté de choix de vie, générosité, etc.).

D'après ce que j'ai exposé, cela implique que la liberté d'être heureux comporte une partie matérielle mais aussi une partie spirituelle. Une fois que l'homme aura acquis pour lui-même cette liberté, portera-t-il son attention sur les autres formes de vie dans le cadre de l'analyse de ce concept ? Comment cela peut-il être fait et quand ?

Principes pertinents

En théorie, les principes sont, comme nous le savons, des idées directrices, des thèses fondamentales dans l'ordre des explications des choses qui en découlent, sur lesquelles se fondent les réglementations juridiques et les solutions pratiques, y compris les normes de traitement juridique à appliquer à toutes les formes de vie du point de vue de leurs champs d'âme et d'énergie.

Les principes sont si subtils et si nombreux qu'il est presque impossible de ne pas en oublier certains[176].

De cet exercice, nous pouvons typiquement déduire les principes fondamentaux, basés sur ces critères qui doivent être suivis dans leur élaboration.

---

[176] Cité de Pascal Blaise, *Pensées 1*, 405, in T. Simenschy, *Un dicționar al înțelepciunii/Un Dictionnaire de sagesse*, vol. IV, Junimea, Iași, 1975, p. 34. Pascal, *op. cit.*, nous dit que, « [si] nous rapportons tout à la raison, notre religion n'aura rien de mystérieux ou de surnaturel. Si nous enfreignons les principes de la raison, notre religion sera absurde et ridicule… Il y a deux extrêmes également dangereux : exclure la raison, n'admettre que la raison ».

- Les systèmes nationaux de droit reposent sur leurs propres principes fondamentaux qui seront notamment pris en compte.

- Les principes fondamentaux du droit, en règle générale, émergent de la loi fondamentale, et exceptionnellement, ils peuvent être formulés dans d'autres sources de droit, des méthodes de recherche permettant leur extraction des sources précédemment présentées comme influençant le droit de l'âme et des biochamps des formes de vie.

- Le fait qu'ils seront idées directrices dans ce domaine est essentiel pour les principes fondamentaux.

- De telles idées se retrouvent dans l'ensemble de la législation qu'elle caractérise, aspect qui dénote une importance particulière pour l'identification, de la manière la plus complète possible, de la législation qui ferait l'objet d'une telle recherche.

- Ils ont un caractère constructif et un rôle valorisant pour le système de droit dans une effervescence continue de réglementation, intégrant les exigences objectives de la société[177].

- Les principes fondamentaux du droit sous-tendent les principes de branche, et entre eux il y a un rapport de correspondance et d'amplification.

- Ils résument les appréciations individuelles des relations juridiques d'une part, et leurs éléments de droit d'autre part.

- L'idée d'établir les principes du droit de l'âme et de la loi des biochamps pour les formes de vie ne doit pas être un processus fastidieux car les principes peuvent être présentés comme des axiomes, sous forme de déductions et, *en particulier, sous forme de généralisations de faits expérimentaux*, idéal pour être applicable à notre recherche.

---

[177] Popa N., 1992, p. 67.

- L'identification des principes pour ce domaine bénéficie de la mobilité caractéristique des principes du droit, ainsi que du droit lui-même.

- Il y a une forte affinité logique entre les principes fondamentaux du droit.

- La formulation des principes généraux du droit s'effectue au niveau de la théorie générale du droit.

Compte tenu de ce qui précède, nous pouvons illustrer un certain nombre de principes généraux, tels que : le principe d'égalité devant la loi ; le principe de garantie et de protection des droits subjectifs ; le principe d'harmonisation des intérêts généraux avec les intérêts individuels ; le principe de la propriété ; le principe de la responsabilité ou le principe de la liberté.

D'autres principes peuvent être : le principe de la protection de la bonne foi ; le principe de l'exercice des droits de bonne foi et de ne pas les exercer abusivement ou le principe de l'inviolabilité de la propriété.

Pour une symétrie juridique, les principes de cette matière peuvent inclure les principes de l'une de ses sources les plus importantes, le droit international humanitaire, qui sera étendu en conséquence à toutes les formes de vie.

À titre d'exercice, nous pouvons nous concentrer sur les principes du droit international humanitaire. Dans ce cas, l'ensemble des règles du droit international humanitaire constitue le contenu juridique du principe fondamental du droit international public – celui du respect des droits et libertés fondamentaux de l'homme tels qu'ils sont consacrés dans l'Acte final d'Helsinki de la CSCE de 1975[178]. La Déclaration sur les principes guidant les relations entre les États participants (également connue sous le

[178] Accords d'Helsinki (ou Acte final), signés le 1er août 1975 à Helsinki (Finlande) par 35 États, dont les deux grandes puissances (l'Union soviétique et les États-Unis d'Amérique), le Canada et tous les autres États européens, à l'exception de l'Albanie et d'Andorre.

nom de Décalogue) énumère les 10 points suivants : respect des droits inhérents à la souveraineté ; le non-recours à la menace ou à l'emploi de la force ; inviolabilité des frontières ; intégrité territoriale des États ; règlement pacifique des différends ; non-intervention dans les affaires intérieures ; le respect des droits de l'homme et des libertés fondamentales ; l'égalité des droits des peuples et le droit des peuples à disposer d'eux-mêmes ; coopération entre les États et l'accomplissement de bonne foi des obligations découlant du droit international.

En tant que branche distincte, le droit international humanitaire repose sur *des principes spécifiques*, tels que : le principe d'universalité des droits de l'homme ; le principe de non-discrimination dans la réglementation et l'application des droits de l'homme ; le principe de l'égalité des droits pour tous ; le principe de l'unité des droits de l'homme ; le principe de la proportionnalité des ingérences dans l'exercice des droits de l'homme ; le principe des restrictions et des dérogations expressément autorisées ou le principe de la responsabilité des États pour la violation des droits et des libertés.

En conclusion, comme il s'agit également d'une matière dans laquelle les inégalités de traitement juridique ne doivent pas être créées par des réglementations nationales qui peuvent prendre des formes et des contenus très différents, le droit international a le meilleur potentiel pour développer les sources, les principes et les mécanismes du droit de l'âme et des biochamps des formes de vie.

Inférences

Nous avons remarqué à partir des principes énoncés ci-dessus dans le Décalogue de l'Acte final d'Helsinki de la CSCE de 1975 que les nations ont le droit de disposer d'elles-mêmes mais que la population, le peuple, n'a pas encore le droit de disposer d'eux-mêmes. J'ai mis en évidence certaines caractéristiques de la propriété des champs d'âme et d'énergie des formes de vie, aspects qui déterminent des recherches ultérieures, en particulier sur les droits avec lesquels les formes de vie sont nées, parmi lesquelles la propriété peut être réglementée. Je veux dire la propriété reconnue sur l'âme et l'énergie, en tant que biens naturels, non créés par l'activité humaine. Ces droits, qui sont en fait des droits de propriété, restent au niveau de la régulation, un problème fondamental de l'existence de l'individu et de la société en général. Tout ce qui signifie droit de propriété fait partie de la catégorie des droits civils, avec le droit fondamental à la vie, le droit à la liberté, le droit à l'égalité devant la loi, qui sont tous régis par des traités. Par conséquent, en tant que moyen d'acquisition, tous les êtres prennent vie et naissent avec ces droits naturels sur l'âme et sur leurs propres champs d'énergie. Des recherches ultérieures peuvent conduire à une série de réponses à des questions telles que : *quelle est la nature juridique de ces droits de l'âme et des énergies ?* Ils pourraient être réglementés comme bénéficiant des attributs : *jus possidendi, jus utendi, jus fruendi, jus abutendi* sur ces deux catégories similaires de biens sous forme privée, attributs qui peuvent s'exercer absolument, exclusivement et perpétuellement, dans le respect des limites matérielles et juridiques ? L'âme et les biochamps auraient-ils le potentiel d'être régulés plus rapidement et plus facilement que les droits sur le corps ? Seraient-ils absorbés par ces droits ou fusionneraient-ils avec eux ?

Serait-il utile, jusque-là, que l'âme et les biochamps des formes de vie soient classés comme sens à côté des cinq sens traditionnels décrits par Aristote ? Nous savons qu'ils sont : la vue comme perception visuelle ; l'audition comme perception auditive ; l'odorat comme perception olfactive ; le goût en tant que perception gustative et le toucher en tant que perception tactile, nombre d'entre eux étant propres à toutes les formes de vie. Aurait-elle une meilleure chance de couvrir la classification du sens de l'âme – la perception de l'âme à l'intérieur de nous et à l'intérieur de toutes les formes de vie, étant donné que, si nous nous tournons vers les sciences qui ont repris le sujet jusqu'à présent, nous pouvons voir que le système nerveux n'a pas encore été découvert en tant que système sensoriel pour toutes les formes de vie ? Peut-être qu'un accent important sur l'étude de ces questions dans divers établissements d'enseignement à travers le monde soutiendrait le développement de ces domaines. En Inde, les six systèmes médicaux traditionnels officiellement reconnus (Ayurveda, yoga, naturopathie, médecine Unani, Siddha et homéopathie) ont déjà des systèmes éducatifs institutionnalisés ; il y a environ 500 centres appelés *collèges*, avec une capacité d'admission annuelle d'environ 25 500 étudiants de premier cycle et plus de 100 de ces collèges admettent plusieurs milliers d'étudiants de troisième cycle.

Serait-il possible d'étudier une science juridique de l'environnement de l'âme ou des phénomènes de l'âme ? La réponse ici inclut, bien sûr, la possibilité d'étudier ce sujet – y compris une science en général qui traite de l'environnement et des phénomènes de l'âme – dans divers établissements d'enseignement et l'homme réaliserait de cette manière, en plus de la conquête (dans le domaine scientifique sens) de l'environnement de la nature, et la conquête (également au sens scientifique) de l'environnement de l'âme. Ainsi, l'homme pourra utiliser la disposition de la science de l'âme, et « saura quand des phénomènes particuliers de l'âme se produiront, les évitera, interviendra pour les gérer. Nous saurons quand notre prochain, sinon nous-mêmes, ou la nation voisine, sinon notre nation, traversera une ère de crise ou de prospérité et empêchera les conséquences qui s'ensuivraient pour nous aussi. Nous serions des individus souverains du futur, qui auraient une telle science à main, comme personne ne l'a jamais imaginé[179] ».

[179] R. Motru C., *Personalismul energetic*, p. 258.

BIBLIOGRAPHIE

1. Anzilotti D., *Cours de droit international/International law course*, Sirey, Paris, 1925.
2. Boar Ana, *Elemente de Teoria Dreptului/Éléments de la théorie du droit*, Maison d'édition Servo-Sat, 1996.
3. Boirac Émile, Willie Wendt De Kerlor, *Revival: The Psychology of the Future (1918). L'Avenir des sciences psychiques*, Maison d'édition Routledge, 2019.
4. Brown Norman O., *Love's Body*, Réédition de 1966, University of California Press, 1996.
5. Chakraborty Shamita, Psychological Profile through bio-fields, in *International Journal of Engineering Sciences & Research Technology*, M. M. College of Technology, Raipur, India, 2014.
6. Chevallier J., L'État de droit/The rule of law, in *Revue du droit public*, Tome cent quatre, éd. PUF, 1988.
7. Chuanxin Wang, *A Look Back at the History of Acupuncture*, disponible en ligne au Collège d'acupuncture et de massage de Miami, FL : https://www.amcollege.edu/blog/history-of-acupuncture, accédé le 29.08.2021.
8. Ciochină-Barbu Ioan, *Despre natura juridică a « dreptului la fericire »/À propos de la nature juridique du « droit au bonheur »*, in Acta Universitatis George Bacovia. Juridica, volume 6, numéro 2/2017.
9. Corsini Raymond J., *The Dictionary of Psychology/Le Dictionnaire de la psychologie*, Psychology Press, 1999.

10. Darwin C., *Descent of Man*, John Murray, Londres (deuxième édition, 1874).
11. David Rene, *Les Grands Systèmes de droit contemporain. Droit comparé*, Paris, Dalloz, 1966.
12. Del Vecchio Giorgio, *Lecţii de filosofie juridică/Leçons de philosophie juridique*, trad., J. C. Drăgan, Maison d'édition Europa Nova, 1997.
13. Descartes, *Discours de la méthode*, éd. Nathan, Paris, 1981 (1998).
14. Dogaru Ion, D. C. Dănişor, Gh. Dănişor, *Teoria generală a dreptului/Théorie générale du droit*, Maison d'édition scientifique, Bucarest, 1999.
15. Domingo Rafael, *Why Spirituality Matters for Law: An Explanation*, Oford Journal of Law and Religion, volume 8, numéro 2, juin 2019.
16. Eliade Mircea, *Sacrul şi Profanul/Le Sacré et le Profane*, Humanitas, 2013.
17. Ernotte M., *L'application de la théorie du mandat apparent en matière de représentation des sociétés*, J.D.S.C., 2008.
18. Fauchille Paul, *Traité de droit internaţional public*, Lib. A. Rousseau Paris, 1922.
19. Flew Antony, *Dicţionar de filosofie şi logică/Dictionnaire de philosophie et de logique*, la 2e édition, Humanitas, 1999, disponible sur https://www.law.cornell.edu/wex, consulté le 2 septembre 2021.
20. Foucault M., *Dits et écrits II*, 1976-1988, Gallimard, Paris, 2001.
21. Gâlea Ion, *Analyse critique des normes de la Constitution roumaine concernant la relation entre le droit international et le droit interne/Analiza critică a normelor Constituţiei României referitoare la relaţia dintre dreptul internaţional şi dreptul intern*, Annales de l'Université de Bucarest, Maison d'édition UB, 2009.
22. Granet Marcel, Le dépôt de l'enfant sur le sol, in *Revue Archéologique*, 1922 ; Études sociologiques sur la Chine, Paris, 1953.
23. Green Michael S., The Paradox of Auxiliary Rights: The Privilege Against Self-Incrimination and the Right to Keep

and Bear Arms, in *Duke Law Journal*, vol. 52, 2002, W & M Faculty Publications.
24. Guardini Romano, *The Lord*, trad. Elynor Castendyk, Washington DC, Regnery, 1996.
25. Hanegraaff Wouter J., *Dictionary of Gnosis & Western Esotericism*, Leiden, Brill, 2006.
26. Hans Kelsen, *General Theory of Law And State*, Routledge, 2005.
27. Hardcastle Rohan, *Law and the Human Body. Property Rights, Ownership and Control*, Hart Publishing, 2007.
28. Henckaerts J., Doswald-Beck L., Alvermann C., Dörmann K. & Rolle B., *Customary International Humanitarian Law*, Cambridge University Press, 2005.
29. Jessica Eisen & Kristen Stilt, *Protection and Status of Animals*, in Max Planck Encyclopedia of Comparative Constitutional Law (Rainer Grote, Frauke Lachenmann & Rüdiger Wolfrum eds., 2016), Oxford Constitutional Law (article mis à jour en décembre 2016).
30. Johnson J. A., *Chinese Medical Qigong Therapy, Part 1*, publié pour la première fois en mars 2002 par l'Institut international de Qi Gong médical.
31. Julius Stone, *The Province and Function of Law: Law as Logic, Justice, and Social Control, a Study in Jurisprudence*, Harvard UP, 1946.
32. Kelsen H., *Principles of International Law*, 2e éd., Londres, 1966.
33. Korotkov Konstantin, *Light after life, experiments and ideas about the changes after death in Kirlian's photos*, Backbone Publishing.Co, 1998.
34. Kutner Luis, *Legal Philosophers: Savigny: German Lawgiver*, vol. 55, numéro 2, *Marquette Law Review*, Maison d'édition Marquette University, 1972.
35. Martin-Lagardette Jean-Luc, *Les Droits de l'âme. Pour une reconnaissance politique de la transcendance*, L'Harmattan, France, 2008.
36. Lauterpacht H., *International Human Right*, Oxford, 1950.
37. Liu Tianjun, The scientific hypothesis of an "energy system" in the human body, in *Journal of Traditional*

Chinese Medical Sciences, volume 5, numéro 1, janvier 2018.
38. Meitani G., *Curs de drept internațional public/Cours de droit international public*, Al.T. Doicescu, 1930.
39. Morange Jean, *Libertățile publice/Public liberties*, Rosetti, Mise à jour 7e édition, Bucarest, 2002.
40. Motru Rădulescu C., *Personalismul energetic și alte scrieri/Personnalisme énergétique et autres écrits*, Eminescu, 1984.
41. Murphy Mark (2019), *The Natural Law Tradition in Ethics*, in Zalta, Edward N. (éd.), *The Stanford Encyclopedia of Philosophy* (Édition été 2019), Metaphysics Research Lab, Stanford University, extrait 2020-10-19.
42. Niciu Marțian, *Drept internațional public/Droit international public*, Servosat, 1997.
43. Nordau M., *Minciunile convenționale ale civilizației noastre/ Les Mensonges conventionnels de notre civilisation,* traduction après la 14e édition allemande par M. Cantianu, Bucarest, Socec & Co. Bookstore'd Publisher, 1921.
44. Oppenheim L., *International Law: A Treatise*, Longman, Londres, 1967.
45. Pavel C., *Animalele care ne fac oameni: Blană, cozi și pene în arheologie/Les animaux qui font de nous des humains : fourrure, queues et plumes en archéologie*, Humanitas, 2021.
46. Pescatore P., *Introduction à la science du droit*, Centre universitaire de l'État, Luxembourg, 1978.
47. Phidas Vlassios I., *Drept canonic. O perspectivă ortodoxă/Droit canon. Un point de vue orthodoxe*, Trinitas, 2008.
48. Popa N., *Teoria generală a dreptului/Théorie générale du droit*, Actami, Bucarest, 1996.
49. Render Meredith M., The Law of the Body, vol. 62 in *Emory Law Journal*, 2013, disponible sur https://scholarlycommons.law.emory.edu/elj/vol62/iss3/2 consulté le 1er septembre 2021.
50. Rousseau Ch., *Droit international public*, Paris, Dalloz, 1965.

51. Rudhyar Dane, *Directives for new life*, Seed Publications, 2e édition, Janvier 1, 1973.
52. M. Wenzel, *Juristische Grunbegriffe*, Berlin, 1920.
53. S. Brown Alan, *Déjà Vu Experience: Essays in Cognitive Psychology*, Psychology Press, 1re édition, mai 20, 2004.
54. Săraru Cătălin-Silviu, *Drept administrativ. Probleme fundamentale ale dreptului public/Loi administrative. Questions fondamentales de droit public*, Maison d'édition C. H. Beck, 2016.
55. Steiner Rudolf, Creeger, Catherine E., *Theosophy: An Introduction to the Spiritual Processes in Human Life and in the Cosmos* (3e éd.), Hudson, New York, Anthroposophic Press, 1994.
56. Stilt Kristen, Animal Law. Rights of Nature. Rights of Animals.Commentary, in *Harvard Law Review*, mai, 2021, 134 Harv. L. Rev. F. 276, disponible à https://harvardlawreview.org/wp-content/uploads/2021/03/134-Harv.-L.-Rev.-F.-276.pdf, accédé le 23.08.2021.
57. Stone C., D. Hume, Of Personal Identity, in *Treatities of Human Nature*, bk. 1, pct. IV, § VI, dans les œuvres philosophiques de David Hume 310-18, 324 (1854) ; T. Muriti, *The Central Phylosophy of Buddhism*, 70-73, 955.
58. Stone Christopher D, *Southern California Law Review*, University of Southern California, vol. 45, 1972.
59. Titulescu N., *Refecții/Reflections*, Albatros, Bucarest, 1985.
60. Waelder R., *Progress and Revolution*, Universités internationales, Première édition, 1967.
61. Walter J. Kilner, *Visible by the aid of Chemical Screens*, 1911, réimprimé comme *The Human Aura* par The Human Atmosphere, ou Aura Made Citadel Press, NY, 1965. *The Aura*, par Walter J. Kilner, introd. par Sibyl Ferguson, New York, S. Weiser, 1973.
62. Watts Alan Tao, *Calea ca o curgere de apă/Tao: The Watercourse Way*, Humanitas, 1996.
63. Williams Victoria Grieve, *Aboriginal Spirituality: Aboriginal Philosophy, The Basis of Aboriginal Social and*

Emotional Wellbeing, Discussion Paper n° 9, Cooperative Research Centre for Aboriginal Health, Darwin, 2009.

64. Wilson Edward Osborne, *Consilience: The Unity of Knowledge*, Random House, 998.
65. Wittgenstein Ludwig, *Tractatus Logicus Philosophicus*, trans. C. K. Ogden (Mineola, NY, Dover Publications, 1999).
66. Wolf Ernst, Naturrecht, *Die Religion in Geschichte und Gegenwart*, 3. Auflage, Band IV (1960), Tübingen (Germany), coll. 1357, in *Religion in Geschichte und Gegenwart*, Maison d'édition Hans D. Betz, Don S. Browning, Bernd Janowski and Eberhard Jüngel, quatrième édition révisée, 007.
67. Zezulka, Josef, The Professional Chamber Sanator – the Union of Biotronicists of, Alternative Medicine (CAM) en World, *What is silenced*, Ed. Tomáš Pfeiffer, Praga, 2019.

D'autres sources :

1. *Codul de drept canonic/Code of canon law*, Sapientia, Iași, 2004, traduit par le prêtre Ioan Tamaș, Original text : Pontificia Commissio Codici Iuris Canonici Authentice Interpretando, Codex iuris canonici. Auteur Ioannis Pauli PP. II promulgatus. Fontium annotatione et indice analytico-alphabetico auctus, Libreria Editrice Vaticana, 1989.
2. *Constitução Federal* [C.F.] [Constituție] Art. 225 (Braz.), traduit en World Constitutions Illustrated (HeinOnline, Jefri Jay Ruchi, Keith S. Rosenn, trad., 2020).
3. *Constituția Republicii Ecuadorului/La Constitution de la République de l'Ecuador*, 2008, Art. 71, traduit en World Constitutions Ilustrated (HeinOnline, Jefri Jay Ruchti, Maria Del Carmen Gress & J. J. Ruchti, trad., 2018).
4. *Dicționarul explicativ al limbii române/Le Dictionnaire explicatif de la langue roumaine*, Academia Română, Univers Enciclopedic, édition 1998.

5. *Dicționarul explicativ al limbii române/Le Dictionnaire explicatif de la langue roumaine* (2e édition révisée et ajoutée), Academia Română, Institutul de Lingvistică, Univers Enciclopedic Gold, 2009.
6. *Didahii* (entre les années 75-85) ; Épître de Clément de Rome aux Corinthiens (c. 95) ; dans les Épîtres d'Ignace d'Antioche (début IIe siècle) ; Apologies de Justin (seconde moitié du IIe siècle) ; Légende des Apôtres (milieu du IIIe siècle), Constitutions apostoliques (milieu du IVe siècle).
7. *Hague Convention (II)*, Convention (II) concernant les lois et coutumes de la guerre sur Terre, La Haye, 29 juillet 1899.
8. *Hague Convention (III)*, Convention (III) pour l'adaptation à la guerre maritime des principes de la convention de Genève du 22 août 1864, La Haye, 29 juillet 1899.
9. *Déclaration de La Haye* concernant les gaz asphyxiants, Déclaration de La Haye concernant les balles expansibles et Déclaration (IV, 3) concernant les balles expansibles, La Haye, 29 juillet 1899.
10. *Règlement de La Haye (1899)*, Règlement concernant les lois et coutumes de la guerre sur Terre, annexé à la Convention (II) concernant les lois et coutumes de la guerre sur Terre, La Haye, 29 juillet 1899.
11. https://www.abc.net.au/news/2021-04-04/spiritual-supernatural-realities-australians-weig-in-this-easter/100046122 consulté le 7 août 2021.
12. *Jurnalul Oficial al Uniunii Europene/Journal officiel de l'Union européenne*, C 303/17 – 14.12.2007.
13. *Loi n° 118/2007* concernant l'organisation et le fonctionnement des activités et des pratiques de médecine complémentaire-alternative, publiée au Journal officiel de la Roumanie n° 305 du 8 mai 2007.
14. *Ley de Derechos De la Madre Tierra* [La loi sur les droits de la Terre Mère], Ley 071, Peru (2010).
15. Pew Research Center, Les informations contenues dans le texte proviennent de la page officielle de ce centre, disponible ici

https://www.pewforum.org/2012/12/18/global-religious-landscape-exec, consulté le 2 septembre 2021.

16. *S.T.J.*, n° 1.797.175/SP, Relator : Ministro OG Fernandes, 21.03.2019, Revista Eletronica da Jurisprudência [R.S.T.J.], 13.05.2019 (Braz.), https://processo.stj.jus.br/processo/revista/documento/mediado/?componente=ITA&sequencial=1806039&num_registro=201800312300&data=20190513&peticao_numero=-1&formato=PDF.
17. *The Internet Encyclopedia of Philosophy* (IEP) (ISSN 2161-0002), disponible à https://iep.utm.edu/natlaw, consulté le 29 août 2021.
18. Thomas Berry, https://thomasberry.org/life-and-thought/about-thomas-berry/introduction consulté le 24 août 2021.
19. Université de Southampton, disponible sur https://www.southampton.ac.uk/courses/modules/laws3141, consulté le 1er septembre 2021.

TABLE DES MATIÈRES

De la même auteure

Monographies

« Legal treatment standards for international investments. Heuristic aspects », *Adjuris-International Academic Publisher*, Bucharest, Paris, 2020.

« Introduction to International Investment Law », *Adjuris-International Academic Publisher*, Bucharest, Paris, 2020.

« International investment law. Coordinates », *Coresi Publishing House*, 2019.

« Introduction to international investment law », *Universul Juridic*, 2018.

Articles et études dans le domaine du droit international (non exhaustif)

« International investment protection in front of the states role in crisis times to managing disputes », *Juridical Tribune – Tribuna Juridică*, volume 10, issue 3, December 2020.

« Individualization and development of international investment law as the third millennium law field », *Juridical Tribune – Tribuna Juridică*, volume 9, Issue 3, December 2019.

« Principles of international law of investments, recognition and trajectory », *Juridical Tribune – Tribuna Juridică*, volume 7, special issue, October 2017.

« The strategic importance of international investments in the field of mining and international law », *Juridical Tribune – Tribuna Juridica*, volume 7, issue 1, 2017.

« The obsolescence of the Court, the evolutions of its application in the new Civil Procedure Code and the shortcomings of the Law, pending the reform », *Civil Procedure Review*, volume 8, n° 3/2017.

« Historical landmarks in international investment law. Research directions », *Pandectele Romane*, n° 12/2016.

Co-éditions

avec le Pr Thierry Bonneau (Sorbonne, Panthéon Assas II), « Innovation et développement en droit des affaires », Adjuris – International Academic Publisher, Bucarest, Paris, 2021.

avec le Pr Dalvinder Singh (Université de Warwick, Royaume-Uni), « Looking for New Paths in Comparative and International Law », Adjuris – International Academic Publisher, Bucarest, Paris, Canada, 2021.

Structures éditoriales du groupe L'Harmattan

L'Harmattan Italie
Via degli Artisti, 15
10124 Torino
harmattan.italia@gmail.com

L'Harmattan Hongrie
Kossuth l. u. 14-16.
1053 Budapest
harmattan@harmattan.hu

L'Harmattan Sénégal
10 VDN en face Mermoz
BP 45034 Dakar-Fann
senharmattan@gmail.com

L'Harmattan Cameroun
TSINGA/FECAFOOT
BP 11486 Yaoundé
inkoukam@gmail.com

L'Harmattan Burkina Faso
Achille Somé – tengnule@hotmail.fr

L'Harmattan Guinée
Almamya, rue KA 028 OKB Agency
BP 3470 Conakry
harmattanguinee@yahoo.fr

L'Harmattan RDC
185, avenue Nyangwe
Commune de Lingwala – Kinshasa
matangilamusadila@yahoo.fr

L'Harmattan Congo
67, boulevard Denis-Sassou-N'Guesso
BP 2874 Brazzaville
harmattan.congo@yahoo.fr

L'Harmattan Mali
ACI 2000 - Immeuble Mgr Jean Marie Cisse
Bureau 10
BP 145 Bamako-Mali
mali@harmattan.fr

L'Harmattan Togo
Djidjole – Lomé
Maison Amela
face EPP BATOME
ddamela@aol.com

L'Harmattan Côte d'Ivoire
Résidence Karl – Cité des Arts
Abidjan-Cocody
03 BP 1588 Abidjan
espace_harmattan.ci@hotmail.fr

Nos librairies en France

Librairie internationale
16, rue des Écoles
75005 Paris
librairie.internationale@harmattan.fr
01 40 46 79 11
www.librairieharmattan.com

Librairie des savoirs
21, rue des Écoles
75005 Paris
librairie.sh@harmattan.fr
01 46 34 13 71
www.librairieharmattansh.com

Librairie Le Lucernaire
53, rue Notre-Dame-des-Champs
75006 Paris
librairie@lucernaire.fr
01 42 22 67 13

www.ingramcontent.com/pod-product-compliance
Lightning Source LLC
LaVergne TN
LVHW021218061026
849535LV00008B/2797
* 9 7 8 2 3 4 3 2 5 1 3 9 4 *